Marita Zonker

Weisheiten der Baumseelen

Marita Zonker

Weisheiten der
BaumSeelen

Gespräche mit
Bäumen und
Naturengeln

// SILBERSCHNUR ❦ VERLAG

© Copyright Verlag »Die Silberschnur« GmbH

ISBN: 978-3-89845-428-5

1. Auflage 2014

Gestaltung: XPresentation, Güllesheim;
           unter Verwendung eines Motivs von © James Thew, www.fotolia.com
Druck: Finidr, s.r.o. Cesky Tesin

Verlag »Die Silberschnur« GmbH · Steinstr. 1 · 56593 Güllesheim
www.silberschnur.de · E-Mail: info@silberschnur.de

Gewidmet meinen Engeltöchtern
Zeliha und Sinem

Danksagung

Ein ganz besonderer Dank geht an meinen Mann Günter. Wir waren die meiste Zeit zusammen im Wald, und viele Durchsagen der Bäume und Naturengel sind ihm mitgeteilt worden, so dass dieses Buch zum Teil auch sein Werk ist. Es ist nicht möglich, genau zu trennen, welche Botschaften an ihn gerichtet waren und welche an mich. Auch beim Schreiben des Manuskriptes hat er mich sehr unterstützt und mir geholfen. Danke, Günter.

Inhalt

Einleitung

Wir leben in einer sehr rationalen Welt. Die Welt der Engel, der Elfen, der Gnome und vieler anderer Wesen ist uns aus Märchen bekannt, doch für die meisten Menschen ist sie reine Fantasie. So war es auch lange Zeit in meinem Leben, dabei hatte ich schon als Kind ausgeprägt sensitive Fähigkeiten. Es wurde mir nicht verboten, über meine Wahrnehmungen zu sprechen, aber man gab mir sehr deutlich zu verstehen, dass andere Dinge wichtiger seien und dass meine Denkweise in der Welt der Erwachsenen nicht toleriert wird. Ich war sehr gerne ein braves Kind, und so fügte ich mich und beschäftigte mich mit anerkannten Themen. Es machte mir Spaß und Freude, Mathematik und wissenschaftliche Fächer in der Schule zu lernen. Ich konnte so meine intellektuellen Fähigkeiten entwickeln, die in unserer Welt wichtig sind, aber auch meine Sensitivität blieb mir erhalten, so dass mein Intellekt und meine Intuition sich gleich stark entwickeln konnten. Auch von meinem Geistführer wurde mir immer mitgeteilt, dass die Aufgestiegenen Meister und Engel es gerne sehen, wenn jemand kritisch ist und nachfragt – nur zweifeln sollte man nicht.

Ich bin sehr religiös erzogen worden, und das Christentum ist mir sehr wichtig. Für mich sind jedoch alle Religionen gleichwertig, und besonders zum Buddhismus spüre ich eine große Nähe. Überhaupt denke ich, dass das Wesentliche und alles Wichtige in allen Weltanschauungen enthalten ist.

Seit unserer Kindheit wurde uns immer wieder beigebracht, dass der Mensch die Krone der Schöpfung sei und dass nur er eine Seele habe. Doch wir haben dies ganz anders erfahren. In frühen christlichen Jahrhunderten waren viele Menschen (Männer und Frauen) sich sicher, dass Frauen keine Seele haben. Nach der Entdeckung Amerikas wurde lange darüber diskutiert, ob Indianer eine Seele haben und ob sie auch in den Himmel kommen können. Dies hat sich inzwischen Gott sei Dank geändert, und ich denke, dass bald viele auch erkennen werden, dass alle Lebewesen eine Seele haben, die auf einem ähnlichen geistigen Weg ist wie unsere.

Schon in sehr jungen Jahren war ich gerne im Wald. In sehr guter Erinnerung sind mir die wenigen Male, die ich zusammen mit meinem Vater Nikla in der Natur war. Es war jedes Mal eine ganz besondere Atmosphäre, die ich nicht mit Worten beschreiben kann. Seit 2005 habe ich die Möglichkeit, mit Bäumen zu sprechen, genauso wie mein Mann Günter – und dadurch bekamen wir Einblicke in eine ganz andere Welt. Wir waren immer wieder überrascht, wie groß das Wissen der Bäume auch über uns Menschen ist.

Meine erste bewusste Information von Bäumen bekam ich während einer Meditationswoche. An einem Tag war ich allein in einem Tannenwald unterwegs, und ich merkte auf einmal, dass die

Tannen Angst hatten. Es war so deutlich spürbar, und ich war mir absolut sicher: Die Bäume haben wirklich Gefühle. Etwa zwei Minuten später war eine Motorsäge zu hören, und ich verstand die ängstliche Unruhe. Es dauerte dann nochmals etwa zehn Jahre, bis ich mit Bäumen sprechen konnte – und ich bin immer noch sehr beeindruckt von ihrem großen Wissen, das sie von der Welt und von uns Menschen haben. Genauso wie von ihrer großen Liebe, ihrer Weisheit und ihrem Mitgefühl.

Mit Günter bin ich oft im Wald, und wir sind beide froh darüber, dass wir mit Bäumen und anderen Wesen in der Natur kommunizieren und uns austauschen können. Wenn wir in der Natur sind, gehen wir oft verschiedene Wege und treffen uns nach einiger Zeit wieder, wobei wir immer wieder erleben, dass die Nähe zur Natur und zu allen Wesen dann sehr viel intensiver ist. Nach unseren ersten Informationen von den Bäumen fragten wir uns immer wieder: Kann das, was wir hören, überhaupt möglich sein? Oder bilden wir uns das nur ein? Doch diese anfängliche Skepsis ist immer mehr einer tiefen Sicherheit gewichen, und heute fragen wir uns, wie uns das geistige Leben von Pflanzen, Tieren und der ganzen Natur nur so lange verborgen bleiben konnte ... Da wir beide die Fähigkeit haben, mit Bäumen zu sprechen, fragten wir manchmal dennoch getrennt bei einem Baum nach – so auch bei einigen Botschaften, die wir für dieses Buch gesammelt haben. Doch wirklich gezweifelt haben wir nie.

In den ersten Jahren haben wir meist Informationen gesammelt, die nur für uns persönlich wichtig und hilfreich waren. Doch als mit der Zeit die Idee keimte, ein Buch zu schreiben, waren wir seit 2010 mit Notizblock und Stift unterwegs und haben gezielt nach Informationen gefragt, die wir in einem Buch veröffentlichen können. Dieses Vorhaben wurde von allen Bäumen und Naturengeln sehr begrüßt, und wir danken besonders den Bäumen, Devas und allen anderen Wesen für ihre Mithilfe.

In östlichen Religionen wird oft von Devas gesprochen, das sind lichte, überaus liebevolle und freundliche Wesen, die zu den Engeln der Natur gehören. Günter und ich haben meistens Kontakt mit den Bäumen selbst beziehungsweise mit den Baumseelen, um deutlich zu machen, dass wir nicht den physischen Baum meinen; wobei wir mit beiden Ausdrücken dasselbe meinen. Ab und an wendeten sich allerdings auch die Baumdevas, die Schutzengel der Bäume, an uns, wenn ein Baum nicht mit uns sprechen konnte, weil er zum Beispiel krank war oder aus einem anderen Grund nicht die Energie hatte für ein Gespräch.

Unsere Beziehung zu Bäumen und der Natur ist für uns mit der Zeit immer selbstverständlicher geworden. Wir lernten eine Welt kennen, von der wir keine Ahnung hatten, obwohl sie doch so real ist und uns Menschen so viel Liebe entgegenbringt. Wir wissen natürlich, dass es diese bedingungslose Liebe auch unter Menschen gibt, und dieses Buch soll kein Aufruf sein, sich von Menschen abzuwenden. Denn nur wer seine Mitmenschen liebt, kann sich mit einem liebenden Herzen der Natur zuwenden.

Religiöse Menschen halten meine Ansichten über die Natur vielleicht für unvereinbar mit ihrem Glauben, aber ich kann nur bei dem bleiben, was mein Herz als wahr und richtig erkannt und erfahren hat - unter anderem so viel Liebe und Herzlichkeit, die Günter und mir von der Natur entgegengebracht wird. Ich wünsche jedem Menschen diese Erfahrung!

Kornwestheim, Januar 2012
Marita Zonker

Grußwort
von Hilarion

Seid gegrüßt, Brüder und Schwestern im Licht!

Wir stehen am Beginn einer friedlichen Zeit auf der Erde. Ihr Menschen müsst lernen, wieder im Einklang mit der Natur zu leben, denn nur dann sind Freude und Harmonie für alle Lebewesen möglich. Dies ist ein großes Anliegen von Gott und allen Wesen aus der geistigen Welt, und ihr könnt euch unserer Hilfe und Unterstützung sicher sein.

Gott hat euch Menschen einen freien Willen gegeben und die Freiheit, ihn auf eure Weise zu nutzen. Doch ihr habt euren Willen sehr zum Schaden von euch selbst und eurer Mitgeschöpfe auf der Erde ausgenutzt. Gott will euren Willen jedoch nicht brechen, sondern euch Licht senden, damit ihr einsichtig und zur

Umkehr bereit werdet. Wenn die Natur sich wehrt, wie ihr sagt, tut sie es nicht, um euch zu schaden, sondern sie will mit euch in Kontakt treten und gehört werden.

Das Christuslicht wurde von Jesus auf die Erde gebracht. Dieses Licht und die Liebe sind die stärksten Energien im ganzen Universum, und sie sollen in den Herzen aller wirken. Der Anfang in eine harmonische Zeit ist gemacht, und viele Menschen haben erkannt, dass ein friedliches Miteinander aller Wesen die Zukunft der Erde sichern kann. Ein Wandel ist deutlich spürbar, doch noch nicht alle Menschen haben ihn vollzogen. Die Mitarbeit aller Menschen ist notwendig. Doch viele arbeiten bereits in verschiedenen Bereichen aktiv an diesem Ziel, und auch mit euren positiven Gedanken erschafft ihr eine Welt der Liebe und des Friedens.

Alle Lichtarbeiter sind auf diesem Feld tätig. Mit ihrem Licht stärken sie die Menschen, die erkannt haben, dass sich die Gegebenheiten auf der Erde ändern müssen. Mit allen Lichtarbeitern sind wir stets verbunden und kräftigen ihr Licht für den Weg in eine harmonische Welt.
Wir unterstützen euch mit so viel Liebe und dem Christuslicht und besonders auch mit Heilfarben. Ich bin der Lenker des grünen Heilstrahls, des Strahls der Wahrheit, der Konzentration und der Heilung. Diese Energie könnt ihr jederzeit anfordern. Die grüne Farbe begegnet euch immer wieder in der Natur, und in diesem Grün sind auch die Kräfte des grünen Heilstrahles enthalten.

Das Christuslicht wird euch stets begleiten.

In Liebe,
Hilarion

Diese Worte wurden gechannelt von Günter.

Unsere ersten Gespräche mit Bäumen

Mein Mann und ich waren immer sehr gerne im Wald und hatten eine bewusste und innige Beziehung zu Bäumen, Pflanzen und Tieren. Wir waren uns immer sicher, dass alle Lebewesen eine Seele und ein individuelles Bewusstsein haben, egal ob Tier, Pflanze oder Mineral; das Bewusstsein eines Steines ist zwar anders als das eines Menschen, doch er ist lebendig und nimmt sich als Stein wahr. Wir fühlten die Atmosphäre im Wald und in der Natur und wie sie sich veränderte je nach Tageszeit, Wetter und Jahreszeit. Wir redeten auch mit Pflanzen und waren uns sicher, dass sie uns verstanden - doch warum sollten sie dann nicht auch mit uns sprechen können?

So suchte sich Günter einen Baum, setzte sich an seinen Stamm und wartete. Später erzählte er mir, dass er wirklich nach ein paar

Minuten begann zu sprechen. Der Baum war direkt bereit zu einem "Gespräch", aber es dauerte einige Zeit, bis Günter entspannt genug war, um ihn zu verstehen. Er erzählte, dass die Bäume und alle Wesen des Waldes uns beide schon seit langem mit Interesse beobachtet hätten. Er wusste, dass wir seit unserer Kindheit beide gerne im Wald waren, und sprach von Ereignissen, die wir erlebt hatten.

Wir wunderten uns, woher der Baum das alles wissen konnte, und bei weiteren Gesprächen teilten uns die Bäume mit, dass sie sich über Wichtiges und Interessantes austauschen und dass sie über die Engel der Natur viele Informationen erhalten. Außerdem sind viele Merkmale in unserem Energiefeld gespeichert, die Bäume und Naturengel erkennen können. Es ist somit auch nicht möglich, zu lügen oder zum Beispiel vorzutäuschen, ein guter Freund der Natur zu sein, wenn dies nicht der Fall ist. Die Wesen in der Natur wissen genau, was Menschen denken, was sie in der Natur tun und auch warum sie es tun.

Wir waren sehr erfreut über diesen Kontakt. Bei Günter hatte es sozusagen auf Anhieb funktioniert, und als wir ein paar Tage später noch einmal im Wald waren, wollte ich es auch versuchen. Günter fragte einen Baum, ob er bereit sei, mit mir zu sprechen - "aber natürlich", sagte er, ich solle es einfach versuchen. Also setzte ich mich zu ihm und lauschte. Einige Zeit musste ich mich gedulden, doch dann konnte ich ihn - trotz der unruhigen Umgebung - wirklich verstehen und war sehr glücklich darüber.

Für unser nächstes Gespräch gingen wir zu einer Eiche, die an einem ruhigeren Ort, etwas abseits von einem Wanderweg stand. Von Anfang an war die Beziehung sehr freundschaftlich – so wie bei einem Menschen, mit dem man sich sofort gut versteht.

Ich begrüße euch und freue mich, dass ihr zu mir kommt. Ich habe gespürt und weiß, dass ihr einen Baum sucht, um mit ihm zu reden. Ich freue mich wirklich sehr, dass ihr zu mir kommt.

Wir fühlten, dass wir sehr willkommen waren, und fragten, wie es ihm gehe.

Gut. Ich bin gerne an diesem Platz und fühle mich hier sehr wohl. Wie ihr sehen könnt, bin ich für einen Baum noch ziemlich jung. Ich bin etwa zweimal so alt wie Methusalem.

Dieser Ausdruck ist bei Bäumen gebräuchlich. Sie verstehen uns Menschen, wenn wir uns in ihrer Nähe unterhalten, und sie wissen, dass Methusalem ein Mensch war, der ein hohes Alter erreicht hatte. Im Gespräch konnten wir erfahren, dass "einmal so alt wie Methusalem" in der Sprache der Bäume etwa einem Lebensalter von 100 Jahren entspricht, das um bis zu 20 Jahre in jede Richtung schwanken kann. Für uns Menschen mag diese Zeitspanne ungenau sein, doch für Bäume, die sehr alt werden können, spielt das genaue Alter keine große Rolle.

In meinem Dasein habe ich schon viel erlebt. Als mein Leben begann, war es im Vergleich zu heute noch sehr ruhig. Es gab noch keine Maschinen, keine Autos, keine Flugzeuge, nichts dergleichen. Ihr seid erstaunt, dass ich das weiß. Wir Bäume wissen sehr viel von euch Menschen, wie ihr lebt und was ihr tut, aber ihr wisst so wenig von uns. Deswegen bin ich sehr froh, dass ihr mich verstehen könnt.

Oft kommen Menschen und erzählen uns von ihren Sorgen und ihren Problemen. Manche spüren, dass wir ihnen zuhören, und doch können viele sich nicht wirklich vorstellen, dass wir sie verstehen. Wir bringen ihnen Mitgefühl entgegen, schicken ihnen Energien von Kraft, Stärke, Heilung oder Freude. Das tun wir sehr gerne. Viele Menschen fühlen sich getröstet, es geht ihnen besser, doch sie können sich nicht erklären, warum. Und uns freut es, wenn unser Zuspruch angekommen ist.

So habe ich viel Freud und Leid miterlebt, viel Kummer und Sorgen, Krankheit und Krieg. Dass ihr Menschen Kriege führt, ist etwas, das wir Bäume überhaupt nicht verstehen. Krieg bringt so viel Leid für alle Menschen, für eure Freunde, für euch selbst und für eure Familien. Für niemanden bringt Krieg einen wirklichen Nutzen oder Vorteil. Kriegerische Auseinandersetzungen kosten euch so viel Zeit, so viel Geld und Energie. Und alle Wesen auf der Erde sind die Leidtragenden. Alles, was Generationen vor euch aufgebaut haben, wird zerstört. Die Menschen sollten damit aufhören.

Da hat die Eiche wohl recht, wir Menschen müssen noch viel lernen. Wir machen Fehler, das ist menschlich, aber wir lernen nicht aus Fehlern – und das ist schlimm. Nicht nur dass wir nicht aufhören, Kriege zu führen, unsere Kriege werden auch immer aggressiver und zerstörerischer. Und doch gibt es inzwischen Gott sei Dank sehr viele Menschen, die sich für den Frieden in der ganzen Welt einsetzen.

Dies wissen wir, und es freut uns, denn Krieg bringt so viel Zerstörung, nicht nur für euch Menschen, auch für die ganze Natur.

Wir waren mehr als erstaunt, das zu hören. Wir wussten, dass Bäume lebendige Wesen sind und dass sie nicht nur aus physischer Materie bestehen. Wir hatten auch von Baumdevas gelesen und konnten uns gut vorstellen, dass zu jedem Baum ein Deva gehört.

Doch wir hatten von dem Leben der Bäume keine genauen Kenntnisse.

Wir freuen uns immer sehr, wenn Menschen zu uns kommen, wenn sie uns mit Wohlwollen anschauen, sich vielleicht zu uns setzen. Doch viele rennen auch einfach achtlos an uns vorbei. Sie finden es zwar schön, durch den Wald zu laufen, freuen sich darüber, reine Luft zu atmen, doch wirkliches Interesse an der Natur haben sie nicht.

Wir sind euch Menschen sehr verbunden, und wir haben einen ähnlichen spirituellen Weg – ich weiß, das ist auch für euch noch neu. Aber wenn ihr es wünscht, können wir euch noch so viel darüber erzählen.

Wir waren tief beeindruckt, so viel Liebe und Mitgefühl in diesen Worten zu spüren. Eine ganze Weile saßen wir voller Ehrfurcht ganz ruhig und still. Wir atmeten ganz bewusst die Energie, die die Eiche aussendete, und die Energie von Mutter Erde, die wir über die Baumwurzeln intensiver aufnehmen konnten.

Es ist angenehm, wenn ihr einfach nur still dasitzt, denn auch wir bekommen viel Energie von euch. Jedes Lebewesen braucht ständig viele Arten von Licht und Energie, und ein Austausch ist für alle wichtig.

Alles Leben in der physischen Welt entsteht durch Energie. Und die intensivste und stärkste Kraft ist die Liebe. Sie ist die Essenz allen Lebens, des Lebens auf der Erde und im ganzen Universum.

Wir verabschiedeten uns und dankten der Eiche für ihre Mitteilungen und für den schönen Tag.

Ein paar Tage später waren wir wieder bei ihr und begrüßten sie.

Ich grüße euch auch. Ich habe euch schon erwartet, denn ich weiß, dass ihr im Wald seid, seitdem ihr ihn betreten habt. Wir bekommen immer die Informationen über Menschen, die wir kennen. Wir Bäume stehen in ständigem Austausch und sind immer darüber informiert, wenn Menschen im Wald sind, und auch darüber, was sie tun. Wir erfahren sogar, wenn ihr in einem anderen Wald oder Park seid und Kontakt mit Bäumen habt.

Wenn Waldarbeiter sich im Wald aufhalten, sind wir oft beunruhigt und haben Angst, besonders wenn wir eine Motorsäge hören. Auch wenn wir selbst nicht gefällt werden, so sind es doch Freunde von uns, die sterben müssen. Wir wissen, dass ihr Menschen Holz braucht für Möbel, zum Heizen und viele andere Dinge. Das ist euch auch erlaubt, auch wenn es für den Baum, der gefällt wird, nicht angenehm ist.

Wir dachten daran, dass auch unsere Möbel aus Holz sind, sowie an das viele Papier, das wir für viele verschiedene Zwecke benötigen.

Ihr solltet auf jeden Fall dankbar dafür sein. Dankt einfach den Bäumen und den Wesen in der Natur. Es ist wichtig, Anerkennung zu zeigen – für euch selbst, aber auch für uns. Viele Menschen fällen einfach Bäume, ohne zu bedenken, dass auch wir Lebewesen sind. Menschen nehmen oft alles als selbstverständlich hin – im Gegensatz zu den vielen Tieren, die dankbar sind für alles, was die Natur für sie wachsen lässt. Das gilt ganz besonders für spirituell hochentwickelte Tiere wie eure Haustiere. Aber auch dies könnt ihr euch nicht vorstellen.
Viele Menschen sprechen oft ein Tischgebet. Sie danken Gott, und dieser Dank kommt in die Natur zurück, besonders wenn er von

Herzen kommt und voller Liebe und ehrlich gemeint ist. Aber viele, die beten, tun dies mit einem achtlosen und überheblichen Gefühl der Natur gegenüber.

Wir sind wie Brüder und Schwestern und sollten einer für den anderen da sein. Doch ihr Menschen habt euch von der Natur getrennt. Aber ihr müsst wissen, dass ihr nicht ohne sie leben könnt, während die Natur sehr gut ohne euch leben kann. Wir tun so viel für euch. Wir liefern euch Holz und sorgen für eine gute, sauerstoffreiche Atemluft, die Menschen und Tiere zum Leben brauchen. Ihr könnt euch in Parks und im Wald erholen und "Energie tanken", wie ihr sagt, auch heilende Energien in verschiedenen Formen.
In früheren Zeiten lebte der Mensch noch in Einheit mit der Natur, und so muss es auch wieder werden. Viele Menschen gehen schon diesen Weg, es werden immer mehr – und dies beobachten wir mit großer Freude.

Durch Arbeiten wurde es etwas laut im Wald, und unsere Unterhaltung wurde gestört. Die Kommunikation geht zwar nicht über die äußeren Ohren, sondern über das innere Wahrnehmungszentrum, aber wir müssen uns entspannen können, um die Mitteilungen zu verstehen. Wir blieben noch einige Zeit sitzen, dann verabschiedeten wir uns.

Es war Sommer und nachts sehr mild. Seit längerem hatten wir geplant, eine Nacht im Wald zu verbringen, denn wir dachten, dass wir dann in aller Ruhe mit Bäumen reden könnten. So packten wir unsere Rucksäcke und marschierten los. Es war eine klare Neumondnacht, alles war still und genau so, wie wir es uns vorgestellt hatten. Wir saßen bei "unserer" Eiche, ganz entspannt, doch wir bekamen keinen Kontakt. Wir verstanden das nicht und waren etwas enttäuscht. Bei einer Waldhütte ganz in der Nähe genossen wir den Sommerabend, und ein wunderschöner Sternenhimmel entschädigte uns ein wenig.

Bei unserem nächsten Besuch fragten wir nach, was los und warum es nicht möglich gewesen war, Kontakt zu bekommen.

Ich grüße euch sehr herzlich und freue mich, euch wiederzusehen. Ja, wir haben schon mitbekommen, dass ihr nachts hier wart. So wie bei euch Menschen ist auch unsere Seele nachts in der geistigen Welt. Viele Menschen wissen dies nicht, aber wir Bäume können uns daran erinnern, wenn wir morgens wieder zurückkommen. Wir unterscheiden nicht wie ihr Menschen zwischen einem Tag- (dem Bewussten) und Nachtbewusstsein (dem Unbewussten). Die Baumdevas bleiben nachts bei den Bäumen, so wie bei euch Menschen die Schutzengel.

Die Baumdevas haben uns von eurem Besuch erzählt. Sie sind immer für uns da, unterstützen unsere spirituelle Entwicklung und mit ihrer Hilfe können wir Dinge sehen und hören. Wir haben ja keine physischen Augen, mit denen wir sehen könnten, und so teilen sie uns mit, was geschieht, und beschreiben uns, wie es aussieht. Geräusche können wir auch nur über Schallwellen wahrnehmen. Trotzdem gibt es auch für uns Töne und Klänge, die wir besonders gerne hören, aber auch Geräusche, die sehr unangenehm für uns sind.

So richtig konnten wir uns dies nicht vorstellen, und so fragten wir noch einmal nach. Naturengel haben uns geantwortet: "Es gibt Dinge, die für Menschen schwer vorstellbar sind. Bäume haben keine physischen Augen, können aber durch die energetische Unterstützung ihrer Engel sehen. Ähnlich ist es bei hellsichtigen Menschen, die mit der Hilfe von Engeln oder ihres Höheren Selbstes geistige Dinge sehen können, die anderen verborgen bleiben. Genauso können Bäume durch ihre Devas "sehen" und berichten daher häufiger davon, was sie beobachten konnten oder Ähnliches.

Von allem, was die Bäume wissen und erzählen, kann uns nichts mehr wirklich überraschen. Dass unsere Seelen, wenn wir schlafen, in der geistigen Welt sind, das wissen wir. Während unser physischer Körper schläft, erholt sich unsere Seele in der geistigen Welt und hat Kontakt mit Engeln und Meistern, die uns auf unserem Erdenweg begleiten. Über die sogenannte Silberschnur sind die Seelen mit dem physischen Körper verbunden und sind in Lichtgeschwindigkeit zurück im Körper, wenn wir wach werden. Doch wir bekommen den sogenannten "Trank des Vergessens", bevor wir wieder im Körper sind.

Vor unserem nächsten Aufenthalt im Wald hatte ich mir meine erste Digitalkamera gekauft. Wir hatten die neue Kamera dabei, und ich war natürlich neugierig, packte sie aus und wollte nun auch wissen, wie alles funktioniert. Eine ganze Weile war ich sehr intensiv damit beschäftigt zu lesen, was man damit alles machen kann, ich stellte ein und probierte aus, überlegte mir, was ich mit dem Computer noch alles optimieren könnte ...

"Oh, Eiche, entschuldige, ich habe gar nicht bemerkt, wie die Zeit vergeht!"

Ich beobachte euch sehr interessiert, bisher hatte ich keine Gelegenheit zu sehen, wie ihr mit technischen Geräten umgeht. Zwar weiß ich, dass ihr viele Maschinen habt, wir Bäume wissen auch, was ihr damit alles machen könnt. Nur wie es funktioniert, davon haben wir kaum eine Ahnung. Deshalb hat es mich wirklich gefreut, euch zu beobachten.

Wir wissen auch, dass ihr in den letzten Jahrhunderten vieles erfunden und entdeckt habt – vieles, das euer Leben leichter macht, denn das Leben eurer Vorfahren war manchmal schon sehr hart. Sie mussten viel und schwer arbeiten für ihren Lebensunterhalt. Eure technischen Errungenschaften machen für euch vieles angenehmer.

Da ist das Leben für uns Bäume ganz anders, einfacher, vielleicht auch leichter. Meist haben wir genug Nahrung, doch wenn Nährstoffe oder Wasser fehlen, dann können wir selbst nicht viel tun und müssen abwarten, bis wieder genug da ist. Es gibt für uns immer etwas zu tun, aber wir haben auch Zeiten der Ruhe.

Viele eurer technischen Errungenschaften nutzt ihr aber nicht immer zum Vorteil für alle. Es gibt zu viele, die sich auf Kosten anderer bereichern und die Natur und die ganze Erde ausnutzen.

Die Eiche hatte recht, wie immer. Ich dachte auch an die vielen ungelösten Probleme, an Luft- und Umweltverschmutzung, an unsere stetige Hektik und vieles andere, das durch unseren Lebenswandel entsteht. Ich machte noch ein paar Fotos von der

Eiche sowie von anderen Bäumen und Pflanzen, bevor wir uns verabschiedeten.

Es macht Spaß, fotografiert zu werden, aber ihr merkt überhaupt nicht, wie ich mich "in Pose werfe" – so sagt ihr doch. Wir kennen viele Ausdrücke, die ihr benutzt, um Dinge zu beschreiben.

Es war Wochenende, schönes Wetter und wir hatten ein paar Stunden Zeit. So saßen wir wieder bei der Eiche und lasen jeder für sich aus den Schriften und Lehren der Essener.

Besonders die Kapitel, in denen die Beziehung der Essener zur Natur beschrieben wird, diskutierten wir und lasen einige Absätze laut.

Diese Menschen hatten damals eine sehr enge Beziehung zur Natur und zu allen Lebewesen. Wir wissen auch von Jesus und dass er ein großer Meister und Lehrer war. Er war der Natur sehr verbunden und hatte eine ganz besondere Beziehung zu den Olivenbäumen. Wir Bäume kennen viele große spirituelle Menschen, die es immer und überall auf der Erde gibt. Eure großen Meister, wie zum Beispiel auch Abraham, aber auch Einsiedler und Mystiker, lebten oft in und mit der Natur. Doch viele reden nur im kleinen Kreis darüber, und nur selten werden ihre Erfahrungen aufgeschrieben.

In einem der Bücher, das ich dabeihatte, befand sich ein Text vom Sonnengesang des heiligen Franziskus. Diesen Text hatte ich mir in italienischer Sprache mit der deutschen Übersetzung heruntergeladen. Ich kann etwas Italienisch und las diesen Text laut vor. Wir wussten inzwischen, dass sich die Bäume in einer universellen Sprache unterhalten, und wir fragten die Eiche, ob sie den Text verstanden hatte.

Ja, für mich spielt es keine Rolle, in welcher Sprache ihr mit mir redet.

Um dies besser verstehen zu können, fragte ich, wie es sei, wenn Günter den Text liest. Er kann italienisch lesen, aber er kann nicht alles verstehen. Der Baum zeigte sich amüsiert. (Wir verstehen auch die Gefühle und Empfindungen der Bäume - wir spüren genau, ob sie fröhlich, traurig oder ängstlich sind.)

Das ist eine gute Frage – und nein, dann kann ich es nicht verstehen. Ich verstehe nur, wenn ihr auch das denkt, was ihr sagt. Ich verstehe also eure Gedanken, weniger die Worte.

Mit dem Bäumen zu kommunizieren, geht über das Zentrum der inneren Wahrnehmung hinter dem Dritten Auge. Die Kommunikation funktioniert über das Herzzentrum, das Zentrum der universellen Liebe, und wird in jenem Zentrum der inneren Wahrnehmung hinter dem Dritten Auge in die eigene Sprache übersetzt. Es ist ein inneres Hören und sicheres Erkennen der Mitteilungen, und die Worte werden sehr deutlich wahrgenommen.

Wir besuchten "unsere" Linde in einem Kloster. Bei mehreren Meditationswochen, an denen wir teilgenommen hatten, hatten wir uns mit ihr angefreundet, und wir freuten uns sehr, weil wir jetzt auch verstehen konnten, was sie sagte. Sonntagmorgens ist es in der Regel sehr ruhig, so hatten wir Gelegenheit, in Ruhe bei ihr zu sitzen und mit ihr zu reden.

Ich freue mich sehr, und ich grüße euch beide ganz herzlich. Besonders freue ich mich, dass ihr mich nun verstehen könnt. Ich wusste, dass ihr kommen wollt, und ich erwartete euch schon. Die Eiche hat uns darüber informiert, ihr hattet ja bei eurem letzten Besuch bei ihr darüber gesprochen, dass ihr zu diesem Kloster fahren und zu mir kommen wollt.

Die Verbindung unter den Bäumen funktioniert wirklich sehr gut. Doch wie konnte die Eiche wirklich wissen, welche Linde wir meinten, und dann die Information genau an sie weitergeben?

Ihr habt die Information, sozusagen ein energetisches Bild oder einen Code, von allen Bäumen, bei denen ihr schon gewesen seid, in eurem Energiefeld oder eurer Aura gespeichert. Und wenn ihr von einem Baum redet, verbindet ihr euch mit der Energie dieses Baumes und gebt die Information weiter. So wissen wir genau, welchen Baum ihr meint, und wir können uns mit ihm verbinden und Informationen an ihn weitergeben. Die Übertragung von Botschaften funktioniert über weite Entfernungen, sogar auf andere Kontinente. Wir wissen zwar nicht immer genau, an welchem Ort der andere Baum wächst, aber das spielt keine Rolle.

Das Kloster war bis zur Säkularisation ein Frauenkloster gewesen. Als Ordensschwestern hier lebten, war die Linde schon einige Jahre alt gewesen, und ich fragte sie, ob sie sich an diese Zeit erinnern könne.

Ja, damals war es hier sehr ruhig, und es war eine Zeit, an die ich mich sehr gerne erinnere. Die Schwestern kamen oft zu mir und erzählten von ihrem Leben. Sie waren sehr naturverbunden und lebten gerne hier in diesem Kloster. In späteren Jahren, mit dem Beginn der Industrialisierung, haben sich die Menschen immer mehr von der Natur getrennt. Durch technische Fortschritte war ihnen vieles möglich, und sie benutzten die Natur oft nur noch zu ihrem eigenen Vorteil. Das ist sehr schade, und viele erkennen inzwischen, dass dies kein guter Weg ist.

Die Menschen, die hierherkommen, sind immer noch sehr gerne in der Natur, und das freut alle Pflanzen und Tiere. Auch die Menschen, die hier wohnen, leben gerne hier. Viele Besucher setzen sich gerne zu mir, und ich höre ihnen zu, einige kommen auch ganz bewusst und begrüßen mich. Nur wenige ahnen, dass ich sie verstehe, doch sie spüren die Energie, die ich ihnen sende, und ich freue mich sehr, wenn sie sich bei mir wohlfühlen. So wie die Schwestern früher auch. Sie waren sehr zufrieden, natürlich hatten sie auch ihre kleinen Sorgen, von denen sie erzählten. Doch genau wie die Menschen heute hatten sie keine Ahnung, dass ich wirklich alles verstehen kann.

Viele spirituelle Menschen haben eine brüderliche Beziehung zu Bäumen, Pflanzen oder Tieren, aber sie sprechen sehr selten darüber. In eurer Religion gibt es keinen Platz für diese Gedanken. Man lehrt euch, dass Tiere und Pflanzen keine Seele haben, jedenfalls keine Seele, die auch auf einem spirituellen Weg ist. Die meisten Menschen glauben dies, und sie haben keine Möglichkeit, es nachzuprüfen.

Sehr viel früher, noch lange vor meiner Zeit, war das ganz anders. Damals wussten und verstanden die Menschen, dass auch wir – und Tiere! – eine Seele haben. Viele verehrten Bäume oder beteten sie an, doch das war für uns nicht angenehm. Wir wollen auf keinen Fall vergöttlicht oder angebetet werden, und das soll auch nicht wieder geschehen. Wir sind einfache Lebewesen wie ihr. Doch Menschen verehren und vergöttlichen gerne, auch heute noch. Heilige wollen allerdings auch nicht verehrt oder gar angebetet werden, sie wollen helfen und führen, euch auf eurem Weg begleiten und für euch da sein, wenn ihr darum bittet.

Wir saßen ganz still da. Die Linde steht an einem schönen Platz mit einer herrlichen Aussicht, und besonders an diesem schönen Sommertag war es angenehm, dort zu sitzen. Deutlich war in einiger Entfernung eine Burg zu sehen.

Ich kann mich noch an das rege Treiben auf der Burg erinnern, als sie gebaut wurde. Es war sehr interessant, diesen Arbeiten zuzuschauen und zu sehen, wie eine Burg entsteht.

Wir waren uns sicher, dass die Linde von der Zeit vor etwa 180 Jahren sprach, als die Burg wiederaufgebaut wurde.

Vor einigen Jahren hatte es in dem Kloster gebrannt, und wir fragten sie, ob sie sich auch daran erinnern könne.

Oh ja. An die helle Aufregung von vielen Menschen kann ich mich sehr gut erinnern. Es ist schon einige Zeit her, aber ich erinnere mich sehr gut, und es war für mich aufregend und auch beängstigend. Der Dachstuhl brannte, und Funken sprühten bis zu mir herüber. Gott sei Dank konnte das Feuer gelöscht werden und ich erlitt keinen Schaden, doch ich hoffe, dass so etwas nicht wieder geschieht.

Ich bin sehr gerne an diesem Ort, man sorgt gut für mich und ich werde sicher nicht gefällt, weil man kein Holz braucht, so kann ich hoffentlich sehr alt werden.

Ich traf noch Bekannte, die ich bei einem Seminar kennengelernt hatte. Wir saßen gemeinsam bei der Linde, unterhielten uns und ich dachte zwischendurch immer wieder daran, dass sie uns verstehen kann.

Ich habe euch gerne zugehört. Ich erkenne auch die Menschen wieder, die schon einmal bei mir waren. Den meisten Menschen höre ich gerne zu, wenn sie reden. Doch ich habe auch schon Menschen kennengelernt, die reden und plappern ohne Ende, das kann auch schon mal lästig sein. Diese Menschen haben meistens auch nicht viel zu sagen. Sehr angenehm und erfreulich ist es, wenn Menschen schweigend bei mir sitzen, dann entsteht oft eine sehr große Nähe, die für alle sehr wohltuend ist.

Wir blieben noch eine Weile bei der Linde, bevor wir uns von ihr verabschiedeten.

Das Vegetationsjahr ging langsam zu Ende, es war ein ereignisreiches Jahr gewesen. So viel Neues hatten wir erfahren dürfen. Die Blätter wurden gelb, und wir wussten, dass die Seelen der Laubbäume, wenn die Blätter abgefallen sind, bis zum Frühjahr in der geistigen Welt weilen würden. Sie halten sozusagen Winterschlaf. So gingen wir an einem schönen Herbsttag noch einmal in den Wald, um uns zu verabschieden. Aber die Bäume sprachen nicht mehr mit uns. Es waren stattdessen Baumdevas, die sich an uns wandten:

Auch wir kennen euch inzwischen, und die Bäume freuen sich immer sehr, wenn ihr kommt. Doch sie brauchen jetzt ihre ganze Kraft, um die Nährstoffe aus den Blättern in den Baum zurückzutransportieren. Deswegen haben sie nicht mehr die Energie, um mit euch zu sprechen. Aber sie spüren, dass ihr hier bei ihnen seid, und sie freuen sich darüber. Sie grüßen euch ganz herzlich.

Es war das erste Mal, dass Baumdevas mit uns sprachen. Jeder Engel beziehungsweise jedes geistige Wesen hat seine ganz spezielle Aufgabe und seinen ganz speziellen Arbeitsbereich, und Baumdevas, die auch zu den Engeln gehören, haben die Aufgabe, sich um den Baum zu kümmern, so wie unsere Schutzengel für uns persönlich da sind. Manchmal geben sie auch, wie in unserem Fall, Informationen – meist den Baum betreffend – weiter.

Wir waren froh über die Erklärung der Devas. Genau wie Menschen haben alle Lebewesen eine Seele und sind auf einem ähnlichen spirituellen Entwicklungsweg – und auf diesem Weg wird jede Seele von vielen geistigen Wesen und von einem persönlichen Schutzengel unterstützt und begleitet.

Wir hatten noch einjährige Sommerblumen auf dem Balkon. Wir wussten nun, dass Blumen eine Seele haben, und es fiel uns schwer, die Pflanzen einfach zu entsorgen. So fragten wir sie, was wir tun sollten.

Wir hatten ein schönes Leben in diesem Sommer, ihr habt uns gut gepflegt und euch liebevoll um uns gekümmert. Doch jetzt ist unsere Zeit zu gehen gekommen, und wir wollen wieder zurück in den Kreislauf von Mutter Erde. Wir danken für die schöne Zeit mit euch.

Im Winter war es im Wald viel ruhiger und stiller. Die Seelen der Laubbäume waren nun in der geistigen Welt, und nur die Seelen der immergrünen Nadelhölzer waren auch im Winter tagsüber bei den physischen Bäumen. Wenn Schnee liegt oder es frostig ist, haben sie viel zu tun, um bestimmte Substanzen zu produzieren, damit die Bäume nicht einfrieren, und dann ist eine Kommunikation nur einschränkt möglich, da diese Arbeit viel

Kraft benötigt. Die Laubbäume haben Wasser sowie Nährstoffe aus den Zweigen, Ästen und dem Stamm so weit reduziert, dass ihnen der Frost nicht schaden kann. (Wir beschränken uns in diesem Buch auf die Aussagen der Bäume oder Naturwesen zu biologischen Themen und weisen darauf hin, dass diese Angaben nicht auf wissenschaftlichen Untersuchungen beruhen. Viele Sachverhalte können Wissenschaftler und Forscher besser und genauer erklären. Andererseits haben wir oft auch von Begebenheiten erfahren, die sich – nach Aussagen der Bäume – wissenschaftlich noch nicht erklären lassen.)

Es war Dezember, und wir gingen an jungen Fichten vorbei, blieben stehen und begrüßten sie. Sie strahlten eine ganz besondere Ruhe aus, die tiefe Stille einer mächtigen Kathedrale während einer Andacht. Tannen und Fichten nehmen sich übrigens als gleiche Baumart wahr, auch wenn dies biologisch nicht korrekt ist. Leider gibt es in unseren Wäldern oft relativ wenige alte Tannen und Fichten.

Wir grüßen euch. Ja, da habt ihr leider recht, es gibt relativ wenige alte Tannen und Fichten in euren Wäldern. Wir wachsen schon sehr lange auf dieser Erde, und wir haben eine sehr lange Tradition.

Wir sind sehr mystische und spirituelle Bäume und sind dem Christentum sehr verbunden. Dies kommt von Mystikern in früheren Jahrhunderten, die mit der Natur und mit Bäumen sehr vertraut waren, eine Verbundenheit, die über ihren physischen Tod weiterbesteht. Ihr wisst, dass alle Energien aus der geistigen Welt ein Medium brauchen, damit Menschen, Tiere und Pflanzen diese nutzen können.

Heilengel können Heilenergien nur über Heiler zu kranken Menschen senden, das Christuslicht wird von Lichtarbeitern ausgestrahlt und wir Tannen verbreiten die Energie der Mystiker und besonders die der Apostel.

Mit Aposteln meinen wir nicht nur die Heiligen, die ihr aus der Bibel kennt, sondern auch große Religionsführer, die es in allen Glaubensrichtungen gibt. Diese heiligen Menschen sind auch nach ihrem physischen Tod mit allen Erdenbürgern sehr verbunden und begleiten besonders intensiv spirituelle Menschen auf ihrem geistigen Weg. Jeder kann diese Energien spüren und nutzen, und wenn ihr darum bittet, werden sie euch verstärkt zugesandt.

Während der Weihnachtszeit senden die großen und mächtigen Engel des Friedens ihre Energien verstärkt über uns Tannen auf die ganze Erde aus, besonders in der Zeit zwischen dem 24. Dezember und dem 6. Januar. Diese Friedensenergie ist für alle Menschen, egal welcher Religion sie angehören, aber auch für alle Tiere und Pflanzen bestimmt. Naturverbundene Menschen in früheren Jahrhunderten spürten, dass Tiere und Menschen sich in der Weihnachtszeit näherkommen, daher wird auch in vielen Weihnachtsmärchen von Tieren erzählt, so wie auch in der Geschichte von der Geburt Jesu.

Alle Lebewesen auf der Erde kennen Jesus, den großen Meister. Er brachte das Christuslicht auf die Erde, nicht nur für euch Menschen, sondern für die ganze Schöpfung. Jesus war allen Wesen in der Natur sehr nahe, er wusste, dass die Menschen mit Mutter Erde und all ihren Bewohnern in Einheit leben müssen, auch wenn dies in euren Schriften nicht erwähnt wird.

Der Brauch, dass ihr euch geschmückte Tannenbäume in der Weihnachtszeit in eure Wohnungen stellt, hat mit der Beziehung der Tannen zum Christentum und zu euch Menschen zu tun. Nur wenigen Menschen ist dies bewusst, doch dieses Wissen soll nicht verloren gehen. Leider ist aus dieser Tradition ein großes Geschäft geworden.

Viele Tannen oder Fichten werden extra gezüchtet, um in jungen Jahren wieder geschlagen zu werden. Wir wünschen uns sehr, dass immer mehr Menschen das alte Wissen verstehen und dass sie trotzdem begreifen, dass nicht unbedingt ein geschmückter Tannenbaum im Wohnzimmer stehen muss.

Öffnet euch in dieser Zeit ganz besonders den Energien des Friedens und der Liebe. Alle Engel sind im Advent und in der Weihnachtszeit der Erde sehr nahe, genauer gesagt kommen sie bis in die ätherische Ebene, die der physischen am nächsten ist. Manche Menschen spüren dies ganz deutlich, andere fühlen es eher unbewusst. Viele schmücken ihre Wohnungen und Tannenbäume in dieser Zeit mit Engeln oder Sternen. Es sind Symbole für Frieden, Liebe und für das Christuslicht.

Es war Frühling geworden, und wir freuten uns, wieder öfter und längere Zeit in den Wald gehen zu können. Wir wussten, dass die Baumseelen aus der geistigen Welt zurückkommen, wenn das erste Grün an den Bäumen zu sehen ist. Allerdings gibt es für sie viel Arbeit, bis alle Blüten und Blätter voll entfaltet sind, das braucht viel Kraft und sie haben deswegen nicht die Energie, mit uns zu kommunizieren.

Das erste Mal im Frühling gingen wir mit gemischten Gefühlen in den Wald, denn wir wussten nicht, welche Bäume gefällt worden oder Stürmen oder Schneebruch zum Opfer gefallen waren. Andere waren vielleicht eingezäunt worden, und wir würden deswegen nicht mehr zu ihnen gehen können. All dies haben wir schon erlebt, und so freuen wir uns jedes Jahr, wenn wir die meisten Bäume gesund, lebend und "in Freiheit" wiedersehen.

Viele Bäume grüßen wir erst einmal aus der Ferne, weil wir nicht alle auf einmal aufsuchen können, und sie freuen sich immer sehr über diese Grüße. Nur mit einer Eiche bekamen wir keinen Kontakt. Die Naturengel teilten uns mit, dass es ihr nicht so gut gehe, die genaue Ursache konnten wir allerdings nicht sicher in Erfahrung bringen. So gingen wir mit sehr gemischten Gefühlen zu ihr, doch wenigstens wussten wir, dass sie nicht gefällt worden war. Wir kamen an den Platz, an dem sie steht, und um sie herum waren viele größere Bäume gefällt worden; sie stand nun ein wenig einsam und verlassen da. Der Baumdeva der Eiche sagte uns, sie sei sehr traurig und sie vermisse die Bäume, die nicht mehr da seien. Sie freue sich aber sehr, dass wir zu ihr gekommen seien und sie nicht vergessen hätten.

Die Naturengel kümmerten sich sehr liebevoll um sie, so dass es ihr ein paar Tage später wieder besser ging.

Zu Buchen habe ich eine liebevolle Beziehung, doch in einem Buch wird ihr Charakter als sehr stolz und überheblich beschrieben, sie können angeblich schlecht loslassen und es fällt ihnen nicht leicht, sich auf Veränderungen einzustellen. Wir fragten eine 200-jährige Buche in einem Park.

Ich grüße euch und freue mich, dass ihr diese Frage stellt. Da ist schon etwas dran, wir wachsen sehr schnell und werden große und stattliche Bäume. Besonders die jungen Buchen sind sehr stolz, vielleicht auch ein wenig distanziert und überheblich. Ältere Buchen haben eher ein gesundes Selbstbewusstsein. Ihr Seelenbewusstsein ist sehr ausgeprägt, und sie kennen ihre spirituelle Aufgabe. Sie haben den Stolz der Jugendzeit transformiert und leben in Einheit mit allen anderen Bäumen

37

und der ganzen Natur. Mit Mutter Erde sind wir älteren Buchen fest verwurzelt, sie gibt uns Kraft und Stärke, so dass wir – besonders in Parks – staatlich und groß werden können.

Eine Linde hatte dicke Knoten an ihrem Stamm, die wie große Krebsgeschwüre aussahen. Wir haben gelesen, dass es besser ist, solche Bäume zu meiden, weil sie keine gute Energie haben. Wir wunderten uns darüber und fragten nach, ob dies stimme.

Unsere Energie ist durch diese Knoten umgeleitet, aber normalerweise keineswegs geschwächt. Sie entstehen meist durch eine Störung im Energiefluss oder durch eine Wachstumsstörung – ähnlich wie bei euch Narben, die, wenn sie gut verheilt sind, keine Blockaden verursachen. Verschiedene Baumarten sind mehr oder weniger anfällig für solche Wucherungen. Bäume, die wirklich krank sind und deren Kraft geschwächt ist, können keinem Menschen schaden. Sie können allerdings keine Heilenergien senden, doch gerade diese Bäume freuen sich, wenn Menschen zu ihnen kommen. Ihr meidet ja auch nicht eure kranken Mitmenschen, sondern kümmert euch besonders liebevoll um sie.

Wir senden euch gerne und ständig Heilenergien, wenn ihr im Wald seid, aber wir bekommen auch Energien von euch, und wenn ihr die Möglichkeit und Fähigkeit habt, Heilenergien auszusenden, freuen sich darüber besonders die kranken Bäume. Gerade Heiler und Lichtarbeiter haben die Fähigkeit und die Aufgabe, kranken Lebewesen Licht und Heilung zu senden.

Es stimmt also nicht alles, was in Büchern steht. Fragen Sie immer Ihr Herz, und handeln Sie danach. Dies ist allerdings nicht immer einfach, weil das Herz zwar stets das Richtige sagt, aber unser Verstand dies oft auf seine Weise interpretiert, und so kann die Weisheit unseres Herzens sehr leicht verfälscht werden. Aber hinterfragen Sie alles, und machen Sie Ihre eigenen Erfahrungen.

Wir wollten eine Eiche besuchen, bei der wir oft viele Stunden verbracht hatten. Etwas fassungslos standen wir wenig später am Weg und konnten nicht mehr zu ihr gehen, weil sie eingezäunt worden war.

Ich kann nicht verstehen, dass man mich umzäunt hat, und ich verstehe auch nicht, warum das nötig war. Uns ist bekannt, dass dies wegen der Tiere oft erforderlich ist. Doch hier gibt es nicht so viel Wild, das uns Pflanzen schaden könnte. Wie man sehen kann, wachsen auch an Plätzen, die nicht eingezäunt sind, wieder viele Bäume. Es ist traurig, wenn keine Menschen mehr zu mir kommen können. An euch habe ich mich so sehr gewöhnt, und ihr seid wirkliche Freunde geworden. Ich freue mich auch, wenn ihr am Zaun steht, doch es ist sehr viel angenehmer, wenn ihr zu mir kommt. Für euch Menschen ist es ja auch etwas anderes, wenn ihr Freunde besucht oder nur mit ihnen telefoniert, und so ist es auch für mich viel erfreulicher, wenn ihr direkt zu mir kommt.

Hier wachsen viele kleine Eichen und Buchen dicht an dicht. Dass davon nicht jede kleine Pflanze die Chance hat, ein großer Baum zu werden, liegt nicht nur an den Tieren.

Wir sprachen mit einem bekannten Förster aus einem anderen Revier, und er meinte, dass er es nicht so eng sehe, wenn Menschen den eingezäunten Bereich betreten. Das beruhigte uns etwas, jedoch trauten wir uns nicht, einfach zu der Eiche zu gehen, und wir fragten den zuständigen Förster. Aber er gab uns die Erlaubnis nicht, und er verstand auch nicht, warum wir ausgerechnet diese Eiche besuchen wollten. Das ist sehr schade.

Vor ein paar Tagen hatte es ein heftiges Gewitter mit viel Regen, Sturm und Hagel gegeben, und entsprechend sah es im Wald aus. Überall lagen kleine Äste und Blätter verstreut, doch die Bäume sahen ganz zufrieden und glücklich aus.

Wir freuen uns auch, wenn es regnet, besonders nach einer längeren Trockenzeit. Große Schwüle und Hitze, heftige Gewitter oder Trockenheit können uns schon mal zusetzen, doch wir sind nicht so abhängig vom Wetter wie ihr Menschen. Wir können schon mal im Regen stehen bleiben, nur wenn es zu viel wird, kann es etwas unangenehm sein.

Wind und Regen reinigen Blätter und Äste von Staub und vor allem von Ungeziefer, diese kleinen Plagegeister können uns ganz schön belästigen. Doch die Natur sorgt auch da für Abhilfe, denn viele Vögel ernähren sich von Insekten, die im Übermaß Schaden anrichten könnten. Aber die Natur ist ein wenig aus den Fugen geraten, wie ihr sagt, und ihr Menschen habt daran einen großen Anteil. Durch den Einsatz eurer Technik und chemischer Mittel schadet ihr der Natur, und alle Lebewesen leiden darunter.

Die Wetterengel, die auch zu den Engeln der Natur gehören, sind oft sehr erbost und ärgerlich über euer Verhalten. Sie wollen euch auf euer Fehlverhalten aufmerksam machen, damit ihr einen anderen Weg geht. Ihr habt euren Verstand, doch ihr nutzt ihn nur zu eurem Vorteil.

Dabei ist es vielen gleichgültig, ob die Natur und auch ihre Mitmenschen zu Schaden kommen. Es geht vielen nur um den Profit, und sie denken, das gebe ihnen das Recht, alles und jeden missachten und missbrauchen zu können.

Wir Bäume leiden auch darunter, wenn Wälder im großen Stil abgeholzt werden oder der Brandrodung zum Opfer fallen. Die Wetterengel, die auch Engel Gottes sind, schlagen oft über die Stränge, und wenn ein großes Unwetter über einem Land tobt, kann der Schaden sehr groß sein.

Wir sehen aber auch, dass immer mehr Menschen umdenken, in der ganzen Welt und besonders hier in Europa. Noch sind die Menschen, die sich für die Natur einsetzen, in der Minderheit, aber es werden immer mehr, die einsehen, wie notwendig es für Mutter Erde und auch für die Menschen selbst ist, die Natur und die Umwelt zu schützen.

Später kamen wir an einem Baum vorbei, der durch den Sturm teilweise entwurzelt worden war und etwas abseits vom Weg zwischen anderen Bäumen lag.

Ihr seht mich in einer unangenehmen Schieflage. Doch ich lebe noch, und über meine Wurzeln kann ich noch Nährstoffe aufnehmen. Auch Elfen und Naturengel unterstützen mich, und so kann ich noch eine Weile weiterleben.

Wir sendeten ihm Licht und die Farbe Violett, die Farbe der Transformation, die besonders in Zeiten der Veränderung oder des Übergangs hilfreich ist. Wir baten auch Engel, ihm zu helfen und für ihn da zu sein. In dieser Lage konnte er nicht sehr lange leben, und wir wünschten ihm alles Gute.

Chinesen haben in ihrem Land zu wenig Holz, und sie bemüh(t)en sich, in Deutschland Wald zu kaufen. Wir waren ein wenig besorgt, weil geschäftstüchtige Investoren in der Regel nicht gerade respektvoll mit der Natur umgehen.

Wir sind darüber informiert. Aber wir wissen auch, dass es in Deutschland Menschen gibt, die für den Erhalt des Waldes und der Natur kämpfen. Diese Menschen werden auch von Naturengeln energetisch unterstützt. Die Gesetze in diesem Land sind sehr streng, und ein Abholzen im großen Stil ist nicht so einfach möglich. Wir sind keine Wahrsager, aber so wie es im Moment aussieht, gibt es keinen großen Grund zur Sorge.

Inzwischen ist dieses Thema (erst einmal) vom Tisch. Es wäre mehr als schade, wenn Privatinvestoren unseren schönen Wald abholzen könnten, ohne auf Nachhaltigkeit zu achten.

Das Wetter war wieder schön, die Luft war rein und es war angenehm warm.

Ja, das Wetter ist herrlich heute. Ein Sonnentag wie heute ist ein Tag zum Ausruhen und Krafttanken. Auch wir genießen die klare Luft, die Sonne und den Wind, der durch unsere Blätter rauscht. Wenn ihr genau hinschaut, könnt ihr sehen, wie unsere Zweige tanzen. Wir sind ja fest verwurzelt und können uns nicht frei bewegen oder wie ein Vogel von Baum zu Baum fliegen. Wir würden das manchmal gerne tun, aber im Grunde fühlen wir uns doch sehr wohl.

An einem See in einem Park stehen mächtige Platanen. Viele, auch große Äste waren direkt am Stamm abgeschnitten worden, und die Bäume sahen etwas verstümmelt aus. Wir fragten, wie es ihnen gehe.

Wir freuen uns, wenn sich Menschen um uns kümmern. Wir wachsen sehr schnell, und wenn Äste groß und schwer sind, können sie leicht brechen. Dies ist nicht angenehm für uns. So sind wir froh, wenn Menschen uns ein wenig zurechtschneiden. Wir fühlen uns leichter, und es ist einfacher, die Äste und Blätter mit Nährstoffen zu versorgen.

Ihr Menschen pflanzt oft Bäume, die sehr groß werden können, an Orte, die wenig Platz für sie bieten. Wenn diese Bäume jedes Jahr sehr stark zurückgeschnitten werden müssen, ist dies für sie nicht angenehm. Aber in unserem Fall ist es eine sehr gute Sache.

An einem Sommerabend saßen wir in einem Park auf einer Bank. Vor uns die untergehende Sonne, deren Strahlen das Wasser in mehreren Springbrunnen leuchten ließen. Eine große Pappel in der Nähe winkte uns zu und lud uns ein, zu ihr zu kommen. Es war windstill, doch an einem Ast der Pappel bewegten sich kleine Zweige und Blätter. Winkte sie wirklich, oder bildeten wir uns das nur ein? Wir wissen, dass solche Dinge möglich sind, kleine freundliche Scherze, die wir auch immer wieder erlebt haben. Wir gingen daher zu der Pappel und fragten sie.

Schön, dass ihr zu mir kommt, ich habe euch wirklich zugewunken, wir können dies tun, indem wir Elfen oder den Wind um Unterstützung bitten. Ich habe euch schon öfter hier gesehen und gerufen, aber ihr habt mich nicht bemerkt. Viele Menschen gehen hier vorbei, aber nur selten kommt jemand zu mir, so freue ich mich jetzt ganz besonders. Aber ich weiß wohl, dass es für euch nicht möglich ist, zu jedem Baum zu gehen. Umso mehr freue ich mich jetzt.

Wir dankten für die Einladung und blieben noch eine Weile bei ihr. Ganz klar, dass wir jetzt immer zu ihr gehen, wenn wir in den Park kommen.

Wir waren bei einer alten Eiche in einem Park. Sie sagte, sie sei etwa fünfmal so alt wie Methusalem, was etwa einem Alter von 450 bis 550 Jahren entspricht. Es interessiert uns immer, wie alt ein Baum ist, und wir wünschen uns, dass öfter auf einer Tafel das Pflanzjahr vermerkt würde. Die Eiche hat eine sehr starke Energie, die uns sehr guttut. Wir wissen, dass die alten Bäume auch sehr spirituell sind. Ich fragte, wie ihre Beziehung zu Gott sei und ob sie auch beten oder Gott anbeten würden, so wie Menschen es tun.

Wir sind mit Gott sehr verbunden, aber wir beten nicht so wie ihr Menschen. Gott ist das Wesen, das die Erde mit allen Geschöpfen und das ganze Universum erschaffen hat, die Quelle der universellen, bedingungslosen Liebe und des Lichtes. Von Vater-Mutter-Gott erhalten wir alles, was wir brauchen, dafür sind wir sehr dankbar.

Erst mit der Zeit haben wir richtig verstanden, dass besonders alte Bäume – wie auch heilige Menschen – bei allem, was sie tun, stets mit Vater-Mutter-Gott, der Quelle der Liebe, verbunden sind. In jedem Augenblick sind sie eins mit Gott und bereit, ihm zu dienen. Oft wird von "Kloster auf Zeit" gesprochen. Ich denke nicht, dass es bedeutet, am Tage stundenweise zu arbeiten und immer wieder Zeit für ein Gebet zu haben, sondern dass wir bei allem Tun Verbindung mit Gott haben und auch stets mit allen Lebewesen auf der Seelenebene in Kontakt sind.

Immer wieder sind wir mit Freunden bei "unseren" Bäumen gewesen. Sie begrüßten unsere Bekannten sehr herzlich und sagten, dass sie sich sehr über ihre Anwesenheit freuten. Alle nahmen die Energie, die von den Bäumen ausging, als sehr wohltuend wahr. Ganz besonders freuten sich die Bäume, wenn wir mit Kindern oder Kleinkindern zu ihnen kamen.

Es kommt aber auch immer wieder vor, dass wir mit Menschen unterwegs sind, denen wir aus verschiedenen Gründen nicht sagen, dass wir mit den Bäumen reden und zu ihnen eine enge und vertraute Beziehung haben. Dann grüßen wir nur vom Weg aus. Wir fragten nach, wie es für die Bäume ist, wenn wir aus der "Ferne" grüßen:

Für uns ist dies völlig in Ordnung. Wir verstehen sehr gut, dass ihr nicht jedem Menschen von eurer guten Beziehung zu uns erzählen könnt, weil viele dies nicht verstehen. Eure Grüße haben wir auf jeden Fall erhalten und uns darüber sehr gefreut.

Die Bäume sagten uns immer wieder, dass sie nicht gerne alleine wachsen und auch dass es für sie sehr angenehm ist, wenn Bäume der gleichen Art in Gruppen zusammen stehen. Sie freuen sich dabei, wenn sie genügend Platz haben, um sich nach allen Seiten ausbreiten zu können, so dass nur ihre äußeren Äste oder Zweige sich leicht berühren. Tannen und Fichten fühlen sich besonders einsam, wenn sie in Wohngebieten alleine stehen. Nur Birken machen da eine Ausnahme.

Wir stehen gerne alleine, und es macht uns nichts aus, keine direkte Verbindung zu anderen Birken zu haben. Viele Baumarten lieben es, zusammen zu stehen und brauchen den Kontakt untereinander, doch für uns ist die Gesellschaft mit anderen nicht so wichtig. Wir sind nicht gerne völlig isoliert, aber die Verbindung mit Artgenossen, die nicht in direkter Nähe stehen, reicht uns meistens.

Eine sehr gute Bekannte hat eine liebevolle Beziehung zu einem Bambus in einem botanischen Garten. Immer wenn sie in dieser Anlage ist, führt sie ihr Weg zu dieser Pflanze. Leider kann sie ihn nicht verstehen, doch sie hat das sichere Gefühl, dass er mit ihr kommuniziert. Sie bat uns, mit ihr in diesen Garten und zu dem Bambus zu gehen.

Ich freue mich, dass ihr zu mir kommt. Es ist immer wieder eine große Freude für mich, wenn Menschen bei mir stehen bleiben, ganz besonders freue mich über die Zuneigung eurer Freundin. Sie war schon oft bei mir, und ich habe auch mit ihr gesprochen, aber meine Worte konnte sie nicht verstehen. Ihre Liebe zu den Pflanzen ist sehr groß – wie bei allen Menschen, die mit Pflanzen reden. Diese Liebe ist eine Voraussetzung für die Kommunikation mit uns, aber eure Bekannte kann sich noch nicht wirklich vorstellen, dass sie mit uns reden kann. Ich bin immer sehr erfreut, wenn sie kommt, bei mir stehen bleibt und mich ganz liebevoll berührt.

Es war wieder Herbst, und die Bäume bereiteten sich für einen längeren Aufenthalt in der geistigen Welt vor. Von vielen Bäumen hatten wir uns schon verabschiedet. Wir gingen schließlich zu einer älteren Weide, die noch relativ grün war, aber auch ihre Blätter fingen bereits an, sich zu verfärben.

Ich freue mich, dass ihr noch einmal zu mir kommt. Einige Bäume haben schon einen Teil ihrer Blätter verloren. Wir Weiden sind immer bei den Letzten, die in die geistige Welt gehen, und im Frühjahr sind wir bei den Ersten, die zurückkommen. Ich bin schon "ein wenig in die Jahre gekommen", wie ihr sagt, aber ich erfreue mich noch bester Gesundheit. Ein Arbeitsjahr ist für uns immer wieder anstrengend, und alle Bäume freuen sich, wenn sie sich nun etwas ausruhen können. Die letzten zwei bis drei Wochen vor der Winterruhe sind für uns etwas einsam. Der Kontakt unter uns Bäumen ist sehr eingeschränkt, weil jeder sehr viel zu tun hat, den physischen Baum auf den Winter vorzubereiten. Viele Nährstoffe müssen aus den Blättern in den Baum zurücktransportiert werden.

Ganz leise und still ist unserer Abschied bis zum Frühling, und wir freuen uns, wenn dann ein neues Jahr für uns beginnt. Wenn alles anfängt zu grünen und zu blühen, das ist für uns immer wieder ein Erlebnis, tausend Wunder, die dann in jedem Augenblick immer wieder geschehen.

Botschaften der Bäume

❧ Annalinde ❧

Die Linde sagte uns, dass sie etwa fünfmal so alt sei wie Methusalem, sie wäre sogar eher noch etwas älter, aber bei ihrem Alter käme es auf hundert Jahre mehr oder weniger nicht an. Einmal so alt wie Methusalem sind etwa 100 Jahre, das heißt, sie ist eher etwas mehr als 500 Jahre alt. (Es ist uns bekannt, dass in Informationen über die Annalinde ihr Alter stets mit 400 Jahren angegeben wird.)

Ich freue mich, euch wieder begrüßen zu können, ich weiß, dass ihr einen weiten Weg habt und dass ihr nicht so oft kommen könnt. Doch wir sind immer in Verbindung, wenn ihr an mich denkt und wenn ihr im Wald oder in der Natur seid. Wenn ihr kranke Bäume seht, bittet ihr mich oft, ihnen Heilenergien zu senden. Dies tue ich sehr gerne, und ich bitte euch, diese Möglichkeit weiter zu nutzen, die Bäume sind euch dafür sehr dankbar.

Treffen in der geistigen Welt

Wenn ich nachts in die geistige Welt gehe, treffe ich mich mit anderen sehr alten Bäumen. Bei diesen Treffen sind Bäume ab einem Alter von etwa 400 Jahren anwesend. Das Alter variiert vom Baumart zu Baumart etwas. Mammutbäume beispielsweise sind sehr früh spirituell weit entwickelt und kommen in jüngeren Jahren mit uns zusammen. Auch viele junge Baumseelen sind bei diesen Treffen anwesend, sie hören uns zu und wollen von uns lernen. Ab einem Alter von etwa 200 Jahren beginnt bei den meisten Bäumen das Seelenbewusstsein, und ab diesem Alter wollen viele von unseren Erfahrungen und unserem Wissen lernen. Die ganz jungen Bäume sind noch nicht an unserem Erfahrungsaustausch interessiert, sie müssen sich noch ausleben und genießen ihre Jugend.

Leider werden manche Bäume nicht so alt, sie werden gefällt, lange bevor sie 200 Jahre alt werden. Das ist sehr schade, doch wir Bäume sehen, dass sich das Verhalten der Menschen gegenüber der Natur langsam verbessert. Und es wird auf der Erde wieder eine Zeit kommen, in der Menschen mit allen Lebewesen in Einheit leben. Es wird noch einige Zeit dauern, aber der Anfang ist gemacht und die positive Entwicklung wird sich nicht mehr aufhalten lassen. Frieden, Liebe und Achtung allen Wesen gegenüber, das ist der Weg der Menschen in die neue Zeit.

Diejenigen, die nur an Profit denken, sind nicht auf diesem Weg, sie müssen umdenken und ihr Verhalten ändern. Naturkatastrophen wollen euch darauf aufmerksam machen, dass die Erde nur dann fortbestehen kann, wenn alle in Frieden und Liebe leben. Viele Menschen verstehen dies, doch sie sind noch in der Minderheit, aber ihre Zahl wird täglich größer. Sie wollen andere Wege als bisher gehen, das ist sehr erfreulich und gibt Anlass zur Hoffnung.

Baumgeister – Heilenergien der Bäume

In den vielen Jahrhunderten meines Lebens habe ich schon viel erlebt und gesehen. Ihr Menschen könnt euch gar nicht wirklich vorstellen, was es heißt, so viele Jahre zu leben.

Doch zu jedem alten Baum gehört auch ein Baumgeist. (Anmerkung: Gemeint ist hier nicht der Baumdeva, der die Baumseele, ähnlich wie bei uns der Schutzengel, führt.) Der Baumgeist begleitet uns mit viel Liebe auf unserem geistigen Weg, und er unterstützt uns ganz intensiv mit den Energien von Liebe und Weisheit. Er gibt uns spirituelle Kraft für uns selbst und verstärkt vor allem die Energie, die wir aussenden.

Jedes spirituelle Wesen hat eine andere Kraft, und jede Art wird benötigt. Alles materielle Leben entsteht aus Energien in unvorstellbar vielfältiger Form, und jede Form ist wichtig und wird gebraucht. Sie alle kommen aus der Quelle der Liebe, von Gott, dem Allmächtigen.

Durch mein Alter und durch die Unterstützung des Baumgeistes habe ich eine sehr starke Energie, alle Bäume im Umkreis von ein paar Kilometern profitieren davon. Ich bin für die Bäume in dieser Umgebung sozusagen der Großvater oder die Großmutter – in mir gibt es männliche und weibliche Teile, da stimmt beides. Ich sagte euch schon, dass auch ihr meine starke Energie jederzeit und überall nutzen könnt – für euch selbst, aber auch für andere Lebewesen. Am besten funktioniert dies, wenn ihr bei anderen Bäumen seid.

Mensch – Natur, Zusammenleben von Menschen und Bäumen

Seit ich mich erinnern kann, das heißt seit etwa einem Alter von 200 Jahren, hat sich auf der Erde sehr viel verändert. Vor Jahrhunderten war vieles einfacher und beschaulicher für uns Bäume. Doch die Menschen in früheren Zeiten mussten sich ganz schön abrackern. Ihr habt jetzt viele technische Hilfsmittel, aber ihr nutzt sie leider nicht zu eurem Vorteil. Ganz ehrlich: Ihr solltet euren Verstand dafür einsetzen, eure technischen Errungenschaften zu eurem Nutzen und zum Nutzen für die ganze Erde einzusetzen. Früher mussten die Menschen hart und viel arbeiten, und jetzt lasst ihr euch wieder hetzen und treiben und habt keine Zeit. Ihr habt euch mit Beginn der Industrialisierung von der Natur abgewandt, statt auf sie zu hören, und sie wurde in den letzten Jahren sehr ausgebeutet. Ich will nicht kritisieren, und es soll kein Vorwurf sein, aber es ist die Wahrheit. Der Mensch muss wieder lernen, im Einklang mit der Natur zu leben.

Dies ist auch wichtig für euch Menschen selbst, denn ihr wollt doch auch noch in Jahrtausenden auf der Erde ein Zuhause haben. Viele Menschen erkennen, dass die Menschheit an einem Wendepunkt ist, und sie setzen sich ein für eine Welt, in der alle in Frieden und Harmonie leben können. Die Erde ist ein so schöner Planet, für den es sich wirklich lohnt zu kämpfen.

Es gibt viele Möglichkeiten, der Natur zu helfen, und die Verbundenheit kann sich in vielfältiger Form ausdrücken. So ist es auch gewünscht. Vielen Menschen, deren Seele sich für die Natur interessiert, ist dies noch gar nicht bewusst. Besonders bei jungen Menschen ist dies oft so, doch sie werden auf dem Weg, den sich ihre Seele selbst ausgesucht hat, geführt werden.

Wir stehen immer in Verbindung mit Menschen, die eins mit der Natur sind. Die Bäume brauchen die vielfältige Unterstützung der Menschen, die Mitarbeit der Förster, Gärtner und Waldarbeiter und die der Forscher und Wissenschaftler, die zum Wohle der ganzen Erde ihre Arbeit tun. Ganz besonders brauchen sie aber auch die große Hilfe der Menschen, die mit lieben und freundlichen Gedanken die Energien von Harmonie und Freude enorm verstärken. Ihr habt keine Ahnung, wie mächtig ein einziger positiver Gedanke ist und was er alles bewirken kann – genauso wie eure Gebete für die Natur und das Licht aller spirituellen Menschen. Auch ihr braucht die Unterstützung der Bäume, der Naturgeister und vor allem die der Naturengel. Wir alle sind immer für euch da, wenn ihr uns ruft, fragt oder um Energie bittet. Wir Bäume spüren und wissen auch immer genau, wer uns ruft, und sind sofort bereit, euch zu helfen.

Ich sehe die Menschen immer sehr gerne bei mir sitzen, wenn sie feiern und sich freuen, wenn sie lachen und singen. Gerne beobachte ich sie hier am Grillplatz und schaue ihrem Treiben zu. Viele, die hierherkommen, kommen wegen mir, doch es gibt auch Menschen, die nur kommen, um mit anderen zu feiern und um in Gesellschaft von anderen Menschen zu sein.

Denen, die mich pflegen und sich um mich kümmern, bin ich sehr dankbar. Viele große Äste wären bestimmt schon abgebrochen, so bin ich froh, dass sie mit vielen Metern Stahlseil gehalten werden. Es geht mir hier sehr gut, ich bin zum Naturdenkmal geworden und werde gehegt und gepflegt, wie ihr sagt. Alle Bäume wünschen sich, alt zu werden. Doch auch als es noch keine Menschen auf der Erde gab, konnte nicht jeder Baum ein hohes Alter erreichen.

☙ Mammutbaum im Wald ❧

Die heute 145 Jahre alte Sequoiadendron giganteum wurde 1865 ausgesät und 1866 angepflanzt.

Leben als Mammutbaum – Verbindung zum Universum

Ich freue mich, dass ihr wieder zu mir kommt, und ich grüße euch ganz herzlich. Ihr wisst, dass die Kommunikation unter uns Bäumen sehr gut funktioniert.

In früherer Zeit wuchsen auch Mammutbäume in Europa, aber inzwischen waren sie hier ausgestorben. Ich bin hier angepflanzt worden, und im Großen und Ganzen fühle ich mich hier sehr wohl. Manchmal habe ich etwas Sehnsucht nach meinen Brüdern in Amerika, doch ich habe mich hier ganz gut eingelebt. Zu meinen fernen Verwandten habe ich eine gute telepathische Verbindung, wie auch zu vielen alten Bäumen in Europa. Die Kommunikation in ferne Kontinente funktioniert nicht direkt, sondern über den Kosmos, über Lichtwesen im Universum, ähnlich wie bei euch die Verständigung über Satellit möglich ist.

Ich bin noch ein sehr junger Baum, doch ich gehöre zu einer alten und weisen Gattung. Vor einigen Jahrtausenden gab es auf der ganzen Erde viele Mammutbäume, sehr viele alte Baumriesen. Wir finden es gut, dass diese Bäume heute in Europa wieder angepflanzt werden. Ich weiß, dass mein Platz hier in Deutschland ist, die Menschen, die zu mir kommen, kann ich verstehen. Schade nur, dass sie mich nicht verstehen können. Gerne würde ich ihnen mehr über uns erzählen.

Förster und viele Wissenschaftler arbeiten mit Bäumen. Einige der Forscher haben eine gute Beziehung zu Pflanzen und manche unterhalten sich mit uns, doch nur wenige können uns auch verstehen so wie ihr. Wir wissen, dass Menschen gerne wissenschaftliche Untersuchungen machen, ihr wollt immer alles beweisen und genau wissen, wie es funktioniert, das ist auch in Ordnung. Doch einige Wissenschaftler gehen sehr grob mit Pflanzen um, sie können einfach nicht verstehen, dass wir Lebewesen mit Gefühlen und einer Seele sind. Für ihre Experimente zerschneiden sie Bäume, lassen sie fällen oder sägen Äste ab für Untersuchungen, die nicht notwendig sind. So wie auch viele Tierversuche nicht erforderlich sind und den Tieren nur unnötig Schmerzen und viel Leid zufügen. Durch eure Technik ist es euch möglich, andere Wege zu gehen, so dass Tierversuche auf ein Minimum beschränkt werden könnten. Ihr hinkt euren technischen Möglichkeiten hinterher, und viele finden es zudem nicht wichtig, auch auf die Gefühle ihrer Mitgeschöpfe zu achten.

Am Aussehen der Bäume könnt ihr sehen, wie es uns geht. Wenn ihr uns genau beobachtet, könnt ihr auch kleine Veränderungen wahrnehmen. Am Verhalten der Tiere könnt ihr sehen, wenn ein Unwetter oder Gewitter naht. Aber auch Pflanzen können euch Hinweise geben, wenn ihr ganz genau hinschaut. Vor einem Unwetter sind Tiere und besonders Vögel sehr unruhig, und wenn sie verstummen, ist es oft schon da oder steht ganz kurz bevor. Diese feinen Verhaltensänderungen können nur Menschen wahrnehmen, die sich sehr oft im Wald aufhalten oder sogar dort wohnen.

Ich bin froh, dass es hier in Deutschland zur Zeit noch relativ wenige Unwetter gibt, doch es ist möglich, dass sich das durch die Klimaerwärmung ändert.

Manche sehr junge Bäume kennen die Menschen nur, weil sie der Natur Schaden zufügen. Sie erleben, wie Bäume rücksichtslos gefällt werden, und wenn sie Maschinen hören, durch die ihre Artgenossen sterben müssen, haben sie große Angst und sind irritiert. Dass es auch Menschen gibt, die ihnen freundlich und wohlwollend gesonnen sind, haben sie noch nicht erlebt. Sie kennen nur Personen, die Bäume fällen oder die achtlos und gleichgültig durch den Wald laufen. Aus diesem Grund sind diese jungen Bäume Menschen gegenüber nicht immer freundlich gestimmt. Ich wünsche ihnen, dass sie auch positive Erfahrungen machen können und dass sie Menschen kennenlernen, die ihnen warmherzig und mit Liebe begegnen.

❦ Eiche im Wald ❦

Energien aussenden

Ihr wart gestern bei einem Mammutbaum, und ich habe eure Grüße von dort erhalten und mich darüber sehr gefreut. Er hat euch von seiner Verwandtschaft mit seinen Freunden in Kalifornien und seinem Leben hier in Europa erzählt. Ihr seht, wir können sozusagen mithören, auch wenn ihr euch in weiter Entfernung mit anderen Bäumen unterhaltet. Die Distanz spielt für uns keine Rolle, und wenn die Energien dieser Kommunikation stark sind, können Bäume, die sich für das Gespräch interessieren, mithören. Diese starken Energien können Menschen nicht spüren, sie nehmen sie höchstens als wohltuend und angenehm wahr. Aber auch durch euch werden wir auf Unterhaltungen, die ihr mit anderen Bäumen führt, aufmerksam.

Ihr, die ihr zu uns gehört, und alle Menschen, die der Natur wohlwollend gegenüberstehen, strömen ständig Licht aus. Diese Energie ist das Christuslicht, das von allen Lichtarbeitern immerzu ausgestrahlt wird. Die Wirkungen des Lichtes und die Heilenergien, die ihr aussendet, sind sehr stark, und sie werden noch intensiver, wenn ihr dies bewusst tut. Dies könnt ihr an kranken Bäumen feststellen, denn durch eure Mithilfe sind sie wieder gesund geworden.

Auch Tiere spüren das Licht, der Gesang der Vögel wird viel fröhlicher und lebendiger. Euch fällt dies nicht so auf wie uns Bäumen, doch

Menschen, die den Vögeln sehr zugetan sind und über diese Dinge Bescheid wissen, hören genau, wenn die Vögel heiterer singen.

Es war auf einmal sehr still im Wald, und auch die Eiche hatte für wenige Augenblicke das Gespräch unterbrochen. Wir fragten, was los sei.

Es gab eine kleine energetische Störung in der Natur, dies kann durch ein Geschehen weit weg hervorgerufen sein und ist für mich nicht genau definierbar. So etwas kann sich immer wieder ereignen, und wenn die Störung nur kurzfristig und bedeutungslos ist, erfahren wir nicht immer, um welches Hindernis es sich handelte. Bei großen Energieschwankungen, wie bei Erdbeben und großen Waldbränden zum Beispiel, werden wir jedoch stets über die Ursache informiert. Naturengel kündigen uns auch bevorstehende Wetteränderungen an, so können wir uns auf Unwetter und Stürme vorbereiten. Doch heute ist ein ruhiger Tag. Die kurze Störung von eben war von sehr kurzer Dauer, aber auch kleine Schwankungen können die Kommunikation mit euch Menschen kurz unterbrechen.

Es ist wieder ruhig und still im Wald, und ihr könnt das Säuseln der Blätter im Wind hören, es ist das Singen der Bäume, und wenn ihr unsere Zweige beobachtet, könnt ihr spüren, dass wir tanzen. Wenn der Wind etwas stärker wird, ist ein leises Pfeifen zu hören, auch das ist angenehm für uns. Der ganze Wald singt und tanzt voller Freude, auch für euch.

Wir freuen uns, wenn ihr euch im Wald wohlfühlt, es ist für uns wie Beifall klatschen – und wir geben gerne eine Zugabe.

❧ Devane ☙
Sie ist die Wächterin der Bäume

Schlechtes Wetter

Seit Wochen ist es sehr regnerisch, und die Sonne ist immer von Wolken verdeckt. Nicht nur euch Menschen macht dieses Wetter depressiv, auch die Natur leidet darunter. Die Wetterengel sollen nicht nur für Regen, sondern auch für Sonne und Wärme sorgen, denn der viele Regen in den letzten Wochen schwächt die Natur. Besonders die Bäume, deren Wohlergehen mir sehr am Herzen liegt, sind energetisch geschwächt und ausgelaugt. Die Wärme der Sonne fehlt ihnen, und sie müssen von ihrer Substanz leben. Gesunde Bäume werden sich schnell erholen, doch die kranken sind in ihrer Vitalität beeinträchtigt. Naturengel und Baumdevas müssen ihnen besonders beistehen.

Die Wetterengel sind sehr eigensinnig und erzürnt über das Benehmen der Menschen der Natur gegenüber. Sie wollen euch Menschen wachrütteln, aber die ganze Natur leidet unter ihrem Zorn. Doch ich denke, dass noch ein paar warme Sommertage kommen und alle aufatmen können.

❧ Eiche in einem Park ❧

Leben und Sterben der Bäume

Heute ist für uns ein Tag zum Ausruhen, wir können uns etwas erholen, das ist nach ein paar Wochen, in denen es viel geregnet hat, eine Wohltat. Die Sonne scheint heute nicht von einem wolkenlosen Himmel, aber es ist wenigstens nicht mehr so düster wie in den letzten Wochen. Wir sind vom Wetter nicht so abhängig wie ihr, aber nach wochenlangem Regenwetter sind auch wir froh, wenn die Sonne wieder scheint.

In jedem Jahr ist das Wetter anders, und in vielen Jahrhunderten habe ich einige Stürme erlebt, auch heftige Stürme, in denen einige meiner Mitbrüder entwurzelt wurden. Schwere Stürme und Unwetter machen uns schon mal Angst. Es ist ja nicht totes Holz, das vom Blitz getroffen wird, wenn er einschlägt. Auch für uns ist es schmerzlich, wenn ein Baum in der Blüte seines Lebens sterben muss. Wir wissen, dass es in Wirklichkeit keinen Tod gibt und dass das Leben weitergeht, trotzdem sind wir doch sehr traurig, wenn ein anderer Baum sterben muss und wir einen Freund verlieren.

Der Tod ist für uns Bäume normalerweise sehr still, über viele Jahre ziehen wir uns ganz allmählich immer mehr zurück. In jedem Jahr haben die Äste ein paar Blätter weniger, bis dann einige Äste ohne Leben sind. So werden wir ganz langsam immer schwächer, bis wir in einem Frühjahr nicht mehr die physische Kraft haben, neue Blätter zu bilden. Wenn wir nicht gewaltsam sterben, haben wir Zeit, uns von unseren Freunden auf dieser Erde zu verabschieden. Dieser Lauf gehört zum Leben, und wir wissen, dass nach dem physischen Leben eine neue Aufgabe auf uns wartet. Unsere spirituelle Kraft bleibt uns beim normalen altersbedingten Sterbeprozess erhalten. Auch nach dem physischen Tod sind noch viele alte Baumseelen mit der Erde und dem Platz, an dem sie lebten, verbunden. Sie senden immer noch Licht und Energie in den Wald, der ihre Heimat war.

Wir Bäume erleben den Wechsel in eine neue Aufgabe ganz bewusst. Alle Bäume nehmen auch sehr genau wahr, was mit anderen geschieht, die das Leben auf dieser Erde beenden. Anders ist es natürlich, wenn ein Baum gefällt wird oder wenn er durch ein Unwetter plötzlich sein physisches Leben beendet. Dennoch ist ein plötzlicher Tod bei uns Bäumen nicht so dramatisch wie bei euch Menschen. Für euch ist es oft schwieriger zu verstehen, was beim physischen Tod passiert, und ihr fragt nach dem Warum, weil ihr es nicht begreifen könnt. Oder ihr hadert mit dem Schicksal, manchmal für eine lange Zeit. Ich sage dies ganz wertfrei. Viele haben gar keine Ahnung, wie gut es ihren Verwandten nach dem sogenannten Tod geht und mit wie viel Liebe sie in der geistigen Welt aufgenommen werden.

Über das Leben nach dem Tod

Wenn ein Mensch stirbt, hat seine Seele als Erstes Kontakt mit freundlichen und sehr liebevollen Engeln des Todes. Sie geleiten sie sanft und voller Fürsorge in die geistige Welt. Hier hat sie Kontakt mit Freunden und Verwandten, aber auch mit Engeln und Führern, die sie auf dem Weg in dieser Welt stets begleitet haben. Zuerst kommt sie in die untere Astralebene, doch diese Ebene durchschreiten die meisten

Seelen, je nach spirituellem Bewusstseinsstand, sehr schnell, und die Seelen, die hier längere Zeit verweilen, treffen diese Entscheidung selbst. Menschen, die Kontakt mit geistigen Welten aufnehmen wollen und dabei Methoden wie Gläserrücken anwenden, bekommen oft Verbindung mit Seelen auf der niederen Astralebene. Jeder, der sich mit geistigen Welten verbindet, sollte sich genau bewusst sein, mit welcher Ebene er Kontakt haben möchte und wie er ihn herstellen kann.

Irgendwann entscheidet sich jede Seele, ihren Weg weiterzugehen. Spirituelle Menschen, die mehr oder weniger bewusst sterben, erreichen die obere Astralwelt sozusagen in Lichtgeschwindigkeit. Dies ist aber noch nicht die Ebene der "Aufgestiegenen Meister", wie ihr sie nennt, doch die Seelen haben auch auf dieser Stufe Verbindung mit Gott, den Engeln und ihren Geistführern. Die Seele verweilt hier einige Zeit und verarbeitet ihr vergangenes Leben. Sie ist immer noch in einem Lernprozess, und die Seele entscheidet sich selbst unter Anleitung ihrer Engel für ihren weiteren Weg. Vielleicht möchte sie noch mal auf die Erde, um weitere Erfahrungen zu machen und eine höhere Bewusstseinsstufe zu erreichen.

Verstorbene Baumseelen und Seelen verstorbener Menschen können mehr oder weniger intensiv in Kontakt bleiben, aber nur, wenn es der Wunsch beider ist. Seelen, die eine solche Entscheidung treffen, müssen frei sein. Auf dieser Ebene gibt es keine Verpflichtungen oder Anhaftungen mehr. Natürlich kommt es auch vor, dass eine der beiden Seelen einen ganz anderen Weg gehen will, dann muss die andere sie freigeben. Genauso kann es zwischen verstorbenen Menschenseelen sein, auch sie können in Verbindung bleiben, wenn sie es wünschen und der Weg beider dies ermöglicht. Viele verstorbene Seelen bleiben guten Freunden oder Familienangehörigen noch eine Weile verbunden, aber wenn sie eine neue Aufgabe übernehmen, dürfen sie nicht festgehalten werden. Durch zu große Traurigkeit kann die verstorbene Seele zu sehr an einen Menschen gebunden werden, dies behindert beide Seelen auf ihrem

Weg. Es gibt viele Entwicklungsmöglichkeiten, niemand wird zu etwas gezwungen. So kann es der Wunsch einer Mutter sein, ihre zurückgelassenen Kleinkinder noch weiter zu begleiten, bis sie sich entscheidet, ihren eigenen Weg weiterzugehen.

Wenn die Seele sich in der geistigen Welt für eine neue Aufgabe oder einen individuellen Weg entscheidet, dann hat sie unendlich viele Gelegenheiten, ein höheres Bewusstsein zu erreichen. Ihr könnt euch die große Vielfalt an Chancen nicht wirklich vorstellen, und der große Meister und Lehrer Jesus meinte dies, als er sagte: "In meines Vaters Haus sind viele Wohnungen." Ihr wundert euch, dass ich die Bibel zitiere. Wir haben diese Schriften nicht gelesen, doch wir werden über alles unterrichtet, was für euch Menschen wichtig ist. Unser Wissen über euer Leben und unsere Liebe zu euch sind sehr groß. Außerdem kann ich jetzt, da ich mit euch spreche, auf einer höheren Bewusstseinsebene wie in einem Buch lesen. Auch ihr habt, wenn ihr meditiert oder euch mit euren Geistführern, Engeln oder Vater-Mutter-Gott verbindet, zu dieser Stufe Zugang. Dieser Bereich ist dem intellektuellen Verstand verborgen, nur dem liebenden Herzen öffnet sich eine Tür zu unendlicher Liebe, Weisheit und Kraft.

⸙ Eiche im Wald ⸙

Das Wachsen der Bäume – Mensch und Natur

Ihr habt immer wieder beobachtet, dass in jedem Jahr junge Bäume wachsen. An manchen Plätzen ist der Waldboden übersät von jungen Pflanzen, doch nicht alle Samen gehen auf, und nicht alle Sprösslinge werden zu einem Baum heranwachsen. Ob aus dem Samen ein Baum entsteht, hängt von vielen Faktoren ab, beispielsweise davon, ob die Samen genug Wärme oder Feuchtigkeit bekommen, ob die Temperatur stimmt und so weiter. Viele Keimlinge werden vom Wild gefressen, oder sie behindern sich gegenseitig beim Wachsen.

Die ganz jungen Pflanzen besitzen noch keine Seele, und Naturgeister wie Elementare und Elfen kümmern sich um sie. Erst wenn die Pflanze etwa zwei bis drei Jahre alt ist und sie eine Chance und die Fähigkeit hat weiterzuwachsen, wird eine Baumseele sie bewohnen. Alle Bäume und Naturwesen bemerken dies und sind froh und glücklich über ein neues Lebewesen.

Ob dieser Baum ein stattliches Alter erreichen wird und sehr alt werden kann, das hängt auch von den Menschen ab. Menschen, die entscheiden, ob ein Baum gefällt wird, werden oft von Naturwesen beeinflusst – auch wenn diesen Menschen dies überhaupt nicht bewusst ist –, und so darf manchmal ein Baum weiterwachsen, der gefällt werden sollte. Mit "beeinflussen" meinen wir übrigens nur, dass der Seele dieses Menschen der Wunsch vermittelt wird, diesen Baum weiterwachsen zu lassen. Ihr habt einen freien Willen, und der darf auch von Naturengeln nicht gebrochen oder manipuliert werden. Dies funktioniert nicht bei allen Menschen, doch Förster sind fast immer sehr naturverbunden und reagieren unbewusst auf die feinen Botschaften aus der Natur.

Die Naturengel wissen, dass der Mensch Holz braucht, und so wird ihm auch gestattet, Bäume zu fällen, dies geschieht im Einklang mit den Naturgesetzen. Trotzdem ist ein respektvoller und dankbarer Umgang mit der Umwelt wichtig. Es soll niemandem unnötiges Leid oder Schmerz zugefügt werden. Uns Bäumen würde es gefallen, wenn ihr mit uns reden würdet, bevor ihr uns fällt. Wir können dann Energie aus dem physischen Baum abziehen, dann ist das Sterben für uns sanfter und behutsamer. Genauso können wir auch Energie aus Ästen oder Zweigen zurücknehmen, bevor sie geschnitten werden, ihr müsst uns nur kurz mitteilen, welche Teile ihr abscheiden wollt. Dies wäre für uns sehr angenehm.

Förster kennen unsere Bedürfnisse und kümmern sich um uns. Dies spüren wir Bäume, und wir wertschätzen ihre Arbeit für den Wald. Wir wissen, dass sie Bäume für die Holzindustrie schlagen müssen, aber sie tun dies meistens sehr umsichtig. In fernen Ländern ist das oft ganz anders, da wird die Natur wegen des Profits unnötig ausgebeutet.

Durch Katastrophen gibt die Natur euch Hinweise, dass ihr umdenken müsst. Ich weiß, wir sagen dies immer wieder, doch es ist wichtig, dass ihr euer Verhalten ändert. Die Wetter- und Sturmengel sind zornig, sie wollen den Menschen ihre Macht zeigen. Trotz der technischen Errungenschaften, die der Mensch hat, wird er nie Macht über die Natur bekommen. Wenn die Natur sich wehrt, wird der Mensch ihr völlig macht- und wehrlos ausgeliefert sein.

Nur Meister, die der Natur mit einem großen und liebenden Herzen gegenübertreten, können den Naturgewalten befehlen. Euer großer Lehrer und Meister Jesus konnte dies. Er verstand es, den Sturm zu besänftigen – allerdings weniger durch seine Macht als durch seine überaus große Liebe. Ihr könnt Vorsorgen treffen, Dämme bauen, doch letztendlich ist die Natur mächtiger, sie kann immer noch erbarmungsloser zuschlagen. Doch bedenkt, sie duldet und achtet den Menschen immer noch auf der Erde, weil sie geduldig darauf wartet, dass er sich ändert. Die großen und mächtigen Engel der Natur sind Gottesengel und lieben die Menschen, sie wissen, dass Veränderung Zeit, viel Zeit braucht.

Die Naturwesen reagieren sehr liebevoll auf Menschen, die ihnen wohlgesonnen sind. Alle Tiere, auch die kleinsten Insekten, spüren die Zuneigung der Menschen und antworten mit Freude und werden fröhlicher. Es ist so wichtig für alle Lebewesen, dass Mensch und Natur in Harmonie und Frieden leben.

❧ Linde in einem Kloster ❧

Leben im Kloster

Schön, dass ihr gekommen seid. Ich erwartete euch schon und bedanke mich ganz herzlich für die Grüße, die ich immer wieder von euch bekommen habe. Ganz besonders freute ich mich über Grüße, die eine liebe Freundin von euch gebracht hat. Es war eine schöne Überraschung, und die Form der Grußüberbringung hat mir sehr gefallen. Eure Bekannte ist allen Pflanzen und besonders Heilkräutern sehr verbunden, und wenn es ihr Wunsch ist, wird sie ihre Botschaften an sie verstehen können.

Heilkräuter und Heilpflanzen gaben und geben Informationen über Wirkungen und Anwendungsmöglichkeiten ihrer Inhaltsstoffe an Heilkundige weiter. Dies kann mental oder intuitiv geschehen, und viele Heiler können Heilpflanzen auch direkt verstehen. Diese Menschen sind auch stets mit Naturengeln in Verbindung und erhalten von ihnen Kenntnisse über die Anwendung der Heilmittel bei Krankheiten.

Seit eurem letzten Besuch waren viele Menschen bei mir, und einer von ihnen konnte sich mit mir unterhalten. Viele sprechen mit mir, doch dieser war ein lieber Freund, der mich auch verstehen konnte. Er redete auch mit kleinen Pflanzen, Sträuchern und mit Naturwesen. Für viele ist es einfacher, mit Bäumen zu sprechen, doch Sträucher und Blumen haben euch auch viel zu sagen, ihr müsst ihnen nur zuhören.

Von den Seminarteilnehmern, die auf den Kirchberg kommen, sind immer einige dabei, die den Bäumen sehr zugetan sind. Viele, die mit mir reden, haben das sichere Gefühl, dass ich sie auch verstehen kann.

Die meisten spirituellen Menschen wie eure Mystiker sind der Natur sehr zugewandt und leben in Einheit mit der Schöpfung und ihrem Schöpfer, und die Engel der Elemente unterstützen in vielfacher Hinsicht besonders spirituelle Menschen, die allen Lebewesen mit großer Liebe begegnen. Diese Naturengel werden auf Menschen erst aufmerksam, wenn diese ihren geistigen Weg schon weit gegangen sind, und begleiten sie dann aber mit großer Liebe und Hingabe.

Doch es gibt auch immer wieder Menschen, die ihr Leben nur auf Gott und Heilige ausrichten. Sie leben streng nach ihrem religiösen Glauben, der ihnen nichts von einer beseelten Natur erzählt. Sie sehen die schöne Landschaft, doch sie können sich nicht vorstellen, dass außer dem Menschen auch andere Lebewesen eine unsterbliche Seele haben.

Ich fragte die Linde, ob sie sich an die Zeit erinnern könne, als ich das erste Mal hier war. Auch ich konnte damals nicht mit ihr reden.

Ja, daran kann ich mich noch sehr gut erinnern. Es war eine Freude für mich, dich kennenzulernen. Ich erkannte, dass du mit uns Bäumen sehr verbunden bist, obwohl dir selbst dies noch nicht wirklich bewusst war. Du hättest auch damals schon mit mir reden können, aber du konntest dir dies noch nicht vorstellen. Du fühltest dich in der Natur sehr wohl und bist in Seminarpausen gerne zu mir oder anderen Bäumen gekommen. Du warst mir sehr vertraut, und ich wusste auch damals schon, dass deine Seele bereit war, den Weg zu gehen, auf dem du dich jetzt befindest. Engel, deine geistige Führung und auch Wesen aus der Natur haben dich auf diesem Weg begleitet und geführt.

Ich bin sehr gerne an dem Platz, auf dem ich stehe, es ist ein Ort, der viel Kraft aussendet. Diese Kraft spüren auch die Menschen, die hierherkommen. Sie wurde hervorgerufen durch die Ordensschwestern, die hier lebten. Durch diese gottesfürchtigen Nonnen wurde ein Kraftort geschaffen, ein Platz der Hingabe an Gott und zum Verweilen. Wenn man daran glaubt, dass Gebete erhört werden, wird sich realisieren, was man sich vorstellt. Die früheren Bewohner hatten großes Vertrauen, sie waren dankbar für die Hilfe, die ihnen gewährt wurde. So ist ein Ort der Stärke entstanden, eine Energie, die heute immer noch spürbar ist. Diese Kraft wurde sozusagen konserviert, das heißt, jeder kann sie unbegrenzt nutzen, ohne dass sie sich verringert – im Gegenteil, sie vermehrt, erneuert und verstärkt sich auch durch die Menschen, die voller Vertrauen und Zuversicht hierherkommen.

❦ Eiche im Park ❦

Einheit mit allen Lebewesen

Eure Grüße haben mich immer erreicht. Es ist erfreulich und wohltuend für alle Lebewesen, wenn Menschen mit Liebe an sie denken. Besonders positiv reagieren eure Zimmerpflanzen oder Haustiere auf eure liebevollen Gedanken, und sie zeigen sich erkenntlich, indem sie besonders schön blühen und euch zugeneigt sind. Sie reagieren aber auch auf Gleichgültigkeit und emotionale Kälte, und sie fühlen sich dann unwohl und können krank werden.

Wir Bäume unterhalten uns nicht ständig miteinander wie ihr Menschen. Doch wir pflegen auch Freundschaften, und durch euch haben wir Verbindung mit den Bäumen, die ihr kennt, besonders mit denen, die uns immer wieder Grüße von euch senden. Dies ist sehr angenehm für uns, und wir sind sehr erfreut darüber.

Wichtige Dinge werden uns immer mitgeteilt, zum Beispiel wenn Katastrophen geschehen. Über das Leben der Menschen sind wir ebenfalls informiert, und wir wissen sehr viel von euch, beispielsweise wie ihr lebt, was ihr gerne oder nicht gerne tut, worüber ihr euch sorgt, was euch freut. Wir kennen eure technischen Errungenschaften, und wir wissen, wie ihr sie anwendet. So erfahren wir alles Wichtige über das Leben hier auf der Erde, aber auch über das Leben in der geistigen Welt.

In vielen Jahrhunderten kommt so einiges an Wissen und auch an Weisheit zusammen. Alles ist in unserer Seele gespeichert und jederzeit abrufbar. Wir haben keinen Verstand und kein Gehirn wie ihr, doch ihr könnt viele Dinge vergessen, das heißt, es ist euch nicht mehr bewusst, zum Beispiel vieles, was die Herkunft eurer Seele betrifft. Euer Verstand kann mit vielem nicht klarkommen, und trotzdem ist er wichtig für euch. Er kann Großartiges zustande bringen, wenn ihr ihn richtig nutzt.

Auch für uns könnt ihr viel tun, und wir freuen uns, wenn ihr euch um uns kümmert, kranke Pflanzen versorgt, uns von Schädlingen befreit oder Äste, die abbrechen können, entfernt. Aber auch, wenn ihr zur Erholung in den Wald kommt und es euch bei uns gefällt, sind wir darüber sehr glücklich.

Heute ist ein schöner Tag, es ist ruhig und die Luft ist angenehm frisch. Bleibt einfach noch ein paar Minuten ruhig sitzen und atmet die Energie, die wir euch senden. Wir freuen uns immer, wenn ihr euch bei uns wie zu Hause fühlt und es genießt, bei uns zu sein.

❧ Mammutbaum ❧
1865 ausgesät und 1866 angepflanzt

Energie aus dem Kosmos

Ihr wisst, dass wir Mammutbäume besonders groß und auch sehr alt werden können, wenn die Bedingungen günstig sind. In einem jahrtausendelangen Leben haben wir die Zeit und die Möglichkeit, uns auf unserem geistigen Weg zu vervollkommnen. Diese Spiritualität hat sich in den vielen Millionen Jahren, seit es Mammutbäume auf der Erde gibt, immer weiterentwickelt. Mit allen Mammutbäumen sind wir sehr verbunden, und wir lernen schon von Kindesbeinen an von unseren Eltern und Großeltern. Biologisch gesehen haben wir auch physische Eltern, aber diese Verwandtschaft hat für alle Bäume keine Bedeutung. Für uns sind in jungen Jahren die Bäume wichtig, die in unserer Nähe wachsen – ältere Bäume sind unsere Eltern, die jüngeren unsere Geschwister oder unsere Kinder.

Es ist uns sozusagen in die Wiege gelegt, dass wir ein sehr spirituelles Dasein führen. Schon in jungen Jahren sind wir an geistigen Themen interessiert und werden von älteren Bäumen unterrichtet. Wir wachsen sehr hoch, und unsere Verbindung zum Universum ist sehr stark, so ist es uns möglich, kosmische Energie auf die Erde zu bringen. Dies ist durch einen weisen göttlichen Plan geregelt und wird von hohen Engelwesen, die aus dem Kosmos agieren, geleitet. Es sind reine, göttliche Energien für die ganze Erde und für alle Lebewesen, aber auch für

Berge, Seen, Meere und Flüsse. Die Energien auf der Erde sind überaus vielfältig, wie vielgestaltig könnt ihr euch gar nicht vorstellen. Stets sind andere Energien notwendig, und die Engel kümmern sich darum, dass die Kraft ausgesandt wird, die gerade erforderlich ist. Aber alle Energien kommen aus der göttlichen Quelle, an deren Verteilung unzählig viele Engel arbeiten. Diese Energien sind sehr gewaltig, überaus mächtig und müssen für die Erde und ihre Lebewesen sehr stark heruntertransformiert werden. Auch dafür werden viele Engel und andere Wesen benötigt.

Unsere Verbindung zum Kosmos ist sehr intensiv, so können wir Energien aus dem interstellaren Raum, von Sternenstaub und fernen Planeten und Sonnen aufnehmen. Das ist eine schöne und große Aufgabe für uns, die wir schon seit vielen Millionen Jahren sehr gerne verrichten. Wir möchten euch Menschen bitten, uns wachsen zu lassen. Hohe Engel in der Natur sorgen mit dafür, sie leiten Menschen, die sich für uns einsetzen, aber sie dürfen euch nicht beeinflussen.

Die Energie aus dem Kosmos ist auf der Erde sowohl für das physische Leben aller Menschen, Tiere und Pflanzen als auch für ihre geistige Entwicklung lebensnotwendig. Die Erde ist kein isolierter Planet im riesigen Universum, alle Sternensysteme existieren gemeinsam, alles ist füreinander geschaffen und funktioniert nach geistigen Gesetzen.

Mutter Erde ist unser Heimatplanet, sie ist unser Zuhause und sorgt mütterlich für unser körperliches Wohlsein. So sind beide wichtig für uns: das Universum und Mutter Erde.

Im Schoß der Erde wächst unser physisches Leben heran, und an Mutter Erde müssen wir dieses auch wieder zurückgeben. Ihr sagt, dass ihr aus Staub seid und wieder zu Staub werdet, und genauso ist es auch. Doch der physische Tod ist nicht der Tod der Seele. Sie hatte für eine Lebensphase ihr Dasein in einem Körper; doch auch wenn er stirbt, lebt sie immer weiter.

Mutter Erde sowie alle Engel der Natur und der Elemente kümmern sich gemeinsam um uns, damit wir Wohnung, Nahrung, Luft zum Atmen und reines Wasser haben. Die Engel der Elemente arbeiten Hand in Hand mit Mutter Erde nach einem göttlichen Plan und sind auch für die Weiterentwicklung unserer Seele wichtig. Sie kümmern sich dabei ganz besonders um Seelen, die auf ihrem geistigen Weg schon weit fortgeschritten sind.

Buche im Park

Über das Leben in einem Park

Wir müssen uns auf das Leben in einem Park einstellen, es ist anders als in einem Wald. Doch in etwa 200 Jahren ist mir das ganz gut gelungen. Im Wald ist das Leben einfacher, natürlicher, doch man hat mich hier angepflanzt, und Menschen, die etwas von Bäumen verstehen, kümmern sich um mich. Laute Geräusche bei Arbeiten in dieser Anlage oder Verkehrslärm können unangenehm sein. Im Großen und Ganzen ist es aber in diesem Park sehr ruhig und friedlich.

Für die Pflanzen und Tiere hier gibt es besondere Naturengel und Naturgeister. Sie wissen genau, was wir benötigen, und versorgen uns nach unseren speziellen Bedürfnissen.

Hier wachsen auch viele Bäume aus anderen Ländern oder Kontinenten. Sie haben sich meist gut hier eingelebt, und Menschen haben sich so ein Stück Natur in der Stadt geschaffen. In diesem Wohnort gibt es auch viele alte und kranke Menschen. Für sie ist es oft nicht möglich, in die Natur zu gehen, so sind sie froh, wenn sie hierherkommen können.

Der Park ist auch ein Rückzugsgebiet für Vögel und andere kleine Tiere. Sie können hier ein Zuhause finden. In Großstädten gibt es oft große und weite Parkflächen, in denen auch größere Tiere leben. Ich weiß, dies ist für euch nichts Neues, doch viele können sich nicht vorstellen, dass wir auch über Ereignisse, die außerhalb unseres Wohnbereiches liegen, informiert sind.

❧ Eiche im Park ❧

Leben der Tiere in Einheit mit anderen Lebewesen

In früheren Jahrhunderten lebten Menschen eher in Einheit mit der Natur, mit Tieren und Bäumen. In meiner "Jugendzeit", vor etwa 300 Jahren, war der Lebensbereich, in dem ich heute lebe, ein großer Wald. In dieser Zeit lebten hier viele Tiere, auch wilde Tiere wie Wölfe, Luchse und auch Bären.

In einer Zeit, die schon viele Jahrhunderte zurückliegt, lange vor meinem Dasein, gab es zwischen Bäumen und Tieren enge seelische Beziehungen. Von diesen Zeiten erzählten die Urbäume, und sie geben die Informationen an spätere Baumgenerationen weiter. Das Wissen an diese längst vergangene Zeit ist in unserem Baumgedächtnis gespeichert, daher kann ich euch sagen, dass diese Verständigung zwischen Bäumen und Tieren damals auf telepathischer Ebene stattfand, und alle profitierten von diesen Verbindungen. Besonders intensiv war die Kommunikation mit Vögeln, die in unserem Blattwerk zu Hause waren und immer noch sind. Noch heute freuen wir uns, wenn Vögel in unseren Ästen ihr Nest bauen, und wir lauschen gerne ihrem Gesang. Sie sind aber auch sehr nützlich für uns und befreien uns von lästigen Käfern und Laven, die im Übermaß Schaden anrichten können. Es gibt jedoch nicht nur Zweckgemeinschaften zwischen Bäumen und Vögeln, sondern auch spirituelle Verbindungen. Die kleinen und zarten Geschöpfe versorgen uns mit Energien von Naturengeln. Vögel haben eine enge Beziehung zu den Elementen der Lüfte und unterstützen deren energetische Arbeit für uns Bäume und für die ganze Natur.

In früherer Zeit hatten Tiere auch eine enge und spirituelle Beziehung zu Menschen und der geistigen Welt. Dieses Wissen ist euch Menschen verloren gegangen, als ihr begonnen habt, Tiere als Nahrung zu nutzen. Viele Tiere wurden durch das Verhalten der Menschen zu Raubtieren gemacht, und sie sollten heute nicht mehr auf dem Speiseplan der Menschen stehen. Tiere spüren genau, ob ein Mensch Vegetarier ist. Doch gerade in der heutigen Zeit ist die Fleischindustrie zu einem großen Wirtschaftsfaktor geworden, und viele Menschen erkennen Gott sei Dank, dass es so nicht weitergehen darf. Zu groß ist das Leid für die Tiere! Besonders wenn man bedenkt, dass Haustiere und Menschen sich auf einem gleichen spirituellen Niveau befinden. Viele Tierfreunde spüren dies und begegnen ihnen mit viel Liebe und Respekt, doch vielen anderen Menschen ist dies nicht bewusst. Ihr müsst die Aussage, dass ihr die "Krone der Schöpfung" seid, neu überdenken. Viele glauben, es sei gottgewollt, dass der Mensch am Ende der Nahrungskette steht, doch dem ist nicht so. Tiere erfahren in ihrem Leben in Ställen und Schlachthäusern zudem viel Leid und Schmerz. Diese Energie ist im Fleisch auch nach dem Tod gespeichert und wird in euren physischen und seelischen Körpern angehäuft.

❧ Weide in einem Park ❧

Leben der Bäume in einem Park

Ich freue mich über alle Menschen, die in diesen Park kommen, doch ganz besonders über Menschen, die mich verstehen und meinen Erzählungen zuhören. Viele Menschen kommen immer wieder hier vorbei. Sie kennen uns, und wir kennen sie. Ich lebe gerne an diesem Platz und habe hier ein sehr angenehmes Leben. Ihr Menschen sorgt euch um die Bäume im Park, so dass es uns gut geht. Bäume in einem Wald haben ein ganz anderes Leben. Parkbäume werden gehegt und gepflegt, und wir werden nicht angepflanzt, weil man unser Holz braucht. Förster und Waldarbeiter kümmern sich um Bäume und pflegen den Wald. Trotzdem müssen sie dafür sorgen, dass immer genug Holz vorhanden ist ...

Wir sind mit unseren Brüdern im Wald immer in Verbindung, so wissen Waldbäume, wie das Leben in einem Park und unter Menschen ist, umgekehrt sind wir aber auch über das Dasein in einem Wald informiert. Hier ist es relativ ruhig, doch an einigen Stellen in einer Stadt ist der Verkehrslärm sehr laut, das kann ziemlich lästig sein, genau wie laute Musik, die aus einem Lautsprecher kommt. Doch wir freuen uns sehr mit euch, wenn ihr lacht, tanzt oder singt.

Kinder toben oft auf einem Spielplatz in der Nähe. Wir schauen ihnen gerne zu und beobachten, wie sie spielen und sich freuen. Sie lachen und sind unbeschwert – und das macht auch uns glücklich.

Erwachsene sind oft ernst und selten fröhlich, das ist sehr schade. Euer Leben ist oft voller Sorgen und Kummer, und viele denken, dies wäre von Gott so gewollt. Doch Gott ist vollkommene Liebe, Freude und Schönheit und hat euch nach seinem Ebenbild erschaffen. Damit ist nicht nur euer physischer Körper gemeint. Die ganze Natur ist nach seinem Ebenbild geschaffen, auch deswegen dürft ihr andere Lebewesen nicht ihrer Lebendigkeit, Fröhlichkeit und Sorglosigkeit berauben.

Ich wachse an einem begradigten Dorfbach mit einem kleinen See, und das Leben hat sich, seitdem ich mich erinnern kann, sehr verändert. In meiner Jugendzeit war das Leben hier noch beschaulicher, und ich lebte inmitten von Ackerland an einem kleinen, wilden Bach. Der Platz hier ist kein Traumplatz für mich, doch ich lebe ganz gerne hier. Ein Traumplatz wäre für mich eine Stelle an einem größeren Bach oder an einem kleinen Fluss, mit ein paar Weiden in meinem Alter in der Nähe. Ein stiller, heller und freundlicher Ort, an dem oft Menschen vorbeikommen. Doch hier ist es auch angenehm.

In den Wald gehen die Menschen eher wegen der Natur. Hier im Park ist es oft anders. Viele Menschen benutzen ihn nur, weil es der schnellste Weg ist von zu Hause zu einem Termin und wieder zurück, und manche rennen achtlos vorbei, ohne uns zu beachten. Wir wissen, dass Menschen oft in Eile sind, doch für einen kleinen freundlichen Blick im Vorbeigehen könnte schon ab und zu Gelegenheit sein. Viele kommen auch gerne in den Park, um sich auszuruhen und sich zu erholen, aber auch weil es ihnen gefällt, in der Natur zu sein. Manchmal kommen Menschen zum Feiern, und ich kann ihnen zuschauen. Einige trinken auch zu viel Alkohol, sie trinken einfach nur, um dann betrunken und benebelt zu sein. Bei denen, die keine Heimat haben, können wir es eher verstehen, sie suchen Trost im Vergessen und sie haben kein einfaches Leben. Von vielen Menschen werden sie ausgegrenzt und haben wenig Freunde und kein Zuhause. Wir verstehen, dass es da einen Unterschied gibt.

Die Menschen, die sich auf die Parkbänke in der Nähe setzen, sind meist angenehme Zeitgenossen, und ich höre ihnen gerne zu. Viele sprechen auch zu mir, aber sie ahnen nicht, dass ich sie verstehen kann. Oft frage ich mich, was sie sagen würden, wenn sie wüssten, dass ich sie verstehe ...

❧ Annalinde ❧

Winterruhe

Es freut mich, dass ihr in diesem Jahr noch einmal zu mir kommt. Ich weiß, dass ihr sehr oft an mich gedacht und um Energie von mir gebeten habt. Ich sage dies immer wieder, denn es ist wichtig und gehört zu meinen Aufgaben, anderen mit meiner Kraft zu helfen. Für mich ist es eine Freude, wenn ich spüre, dass sich andere dadurch wohlfühlen und es ihnen besser geht.

Viele Menschen kommen immer wieder hierher, um mich zu besuchen, und es gefällt mir, alte Bekannte begrüßen zu können. Einige denken oft an mich, und viele wissen auch, dass ich dies fühle.

Jetzt ist es schon Herbst, und wir Bäume bereiten uns langsam auf den Winter vor. Es tut uns gut, nach einer Vegetationszeit, in der wir viel gearbeitet haben, in der geistigen Welt auszuruhen. Wir alten Bäume sind dort mit sehr hohen Engeln zusammen, die uns unterrichten und uns auf unserem Erdenweg begleiten. Es sind dieselben Engel, mit denen wir nach dem physischen Tod in Kontakt kommen. Wir beenden unser Erdendasein sehr bewusst, und wir wissen genau, was uns dann in der geistigen Welt erwartet.

Im Winter erholt sich auch der physische Baum. In dieser Zeit bleiben die Devas bei den Bäumen und kümmern sich um sie. Über wichtige Ereignisse in dieser Zeit wird die Baumseele stets informiert, bei einem schweren Unwetter zum Beispiel oder wenn ein größerer Schaden entsteht. Wenn ein Baum gefällt oder entwurzelt wird, kommt die Seele zurück, um sich zu verabschieden. Doch meistens geht die Winterzeit ohne große Vorfälle vorbei, und wir freuen uns, wenn im Frühjahr ein neues Jahr für uns beginnt.

༻ Mammutbaum ༺
etwa 100 Jahre alt

Klimawandel – Leben als Mammutbaum

Ich grüße euch. Die Motorsäge, die eben zu hören war, hat mir Angst gemacht. Immer, wenn wir dieses Geräusch hören, fürchten wir uns, denn oft muss ein Bruder von uns sterben. Wir wissen ja, dass das Leben nach dem Tode weitergeht, doch wir leben sehr gerne und möchten möglichst alt werden.

Es gefällt uns, dass das Verhältnis zwischen Menschen und Bäumen wieder bewusster und besser wird. Viele Menschen öffnen sich mehr und mehr der Natur und besonders den Pflanzen und Tieren. Man hat mich und andere Mammutbäume in diesem Land angepflanzt, um eine neue Zukunft einzuläuten. Wie ihr wisst, haben wir eine lange Tradition, und wir finden es gut, dass wir in Europa wieder wachsen dürfen. Durch den Klimawandel wird sich das Leben im Wald ändern, einige Bäume werden in manchen Gegenden aussterben, andere Arten finden bessere Lebensbedingungen.

Die Klimaerwärmung wird nicht nur durch den Menschen verursacht, sondern hat auch mit der Erde selbst zu tun. Durch Erdbeben und Vulkanausbrüche entstehen Bedingungen, die die Atmosphäre verändern. Die Erde erneuert sich durch die Lava aus ihrem Inneren, so wird sie fruchtbarer und neues Wachstum kann entstehen. Ein Vulkanausbruch kann aber auch große Zerstörung bringen. Austretende giftige Gase bringen Vernichtung, und das Klima kann sich noch mehr verändern. Dies kann der Mensch nicht beeinflussen, wohl aber die Zerstörung, die er selbst verursacht. Es gibt Engel der Natur, die durch ihre Energie die Schäden, die durch erdbedingte Zerstörung entstehen, eliminieren können. Bei Beschädigungen durch den Menschen sind sie alleine allerdings machtlos. Doch durch die Mitarbeit spiritueller Menschen wird es möglich sein, auch diese Schäden zu begrenzen.

In Zukunft wird es Menschen geben, die auf diesem Feld arbeiten und die für den Erhalt der Erde kämpfen. Darüber freuen sich Gott und besonders die Engel der Natur. Auch wir Bäume unterstützen diese Arbeit. Die Natur braucht Menschen, die mit ihr zusammenarbeiten. Viele Menschen unterstützen durch positive Gedanken diese Entwicklung, und eure Mitarbeit ist beachtlich, wenn ihr freundlich und mit Liebe eine kleine Blume oder ein Insekt anschaut. Ihr Menschen habt eine große Verantwortung und müsst euch immer bewusst sein, wie erstaunlich die Auswirkungen eurer Gedanken sind.

Ihr müsst lernen, respektvoll mit der Natur umzugehen. Eure Technik bietet euch zahlreiche Möglichkeiten, der Natur zu helfen und sie zu unterstützen, und wenn die Gier und das Profitdenken aufhören, können eure technischen Errungenschaften ein großer Segen für die ganze Erde sein.

Wir haben ein sehr altes Baumbewusstsein, das unsere Ururahnen uns vererbt haben, es ist sozusagen in unseren Genen gespeichert. Durch unsere imposante Erscheinung wollen wir, dass ihr aufmerksam auf uns werdet, damit ihr erkennen könnt, dass auch wir spirituelle Wesen sind. Wir wollen aber auch die Bäume unterstützen und ihnen unsere Erfahrungen und unsere Liebe vermitteln, die Energie der Bäume der Erstzeit sozusagen.

Wir sind in Verbindung mit jungen, aber auch mit alten Mammutbäumen auf fernen Kontinenten. Alle alten Bäume sind sehr spirituell, und jeder kann von jedem lernen. Durch unser Alter haben wir ein großes Wissen, wie es normalerweise von Menschen nicht erreicht werden kann. Ich weiß, für euch ist dies kaum vorstellbar. Aber ich meine nicht das Wissen des Verstandes, sondern die Weisheit des Herzens. Für spirituelle Lebewesen fängt das Lernen erst an und hört nie auf.

Ich bin ein sehr einfacher Baum, habe aber eine große Nähe zur geistigen Welt und eine große Kraft und Stärke, die ich anderen Bäumen und Lebewesen weitergeben kann. Alle Menschen, die sich oft in der Natur aufhalten, können davon profitieren. Alte und kranke Menschen, die in ihren Häusern bleiben müssen, können sich mental mit der Natur verbinden und so ihre Energie nutzen. Wenn ihr mit einem liebenden Herzen zu Gott betet, wird euch Kraft aus ganz verschiedenen Quellen zugesandt. Wir alle dienen unserem Schöpfer und der ganzen Erde.

❧ Eiche im Park ❧

Zusammenleben von Menschen, Tieren und Pflanzen im Park

Ich grüße euch. Ihr seid schon oft an mir vorbeigegangen und habt mich kaum bemerkt. Ihr könnt nicht zu allen Bäumen gehen, und ich wachse etwas versteckt hinter anderen Bäumen, so dass ihr mich vom Weg aus schlecht sehen könnt. Wir freuen uns über alle Menschen, die in diesen Park kommen. Ihr habt ihn für euch geschaffen, doch er ist in Wirklichkeit das Zuhause der Pflanzen und Tiere, die hier leben.

Als Gäste seid ihr jederzeit willkommen, und wir danken den Menschen, die sich kümmern und den Park so erhalten, dass er für alle zugänglich ist. Er ist eine schöne Möglichkeit für Stadtmenschen, sich in der Natur aufzuhalten. Für viele ist es in ihrem Alltag sogar die einzige Möglichkeit, im Grünen zu sein. Wir freuen uns immer, wenn Menschen stehen bleiben und mit uns Blickkontakt aufnehmen. Sie denken und sagen vielleicht: "Das ist aber ein schöner Baum" – und wir sind hocherfreut darüber.

Es ist wunderbar, wenn ihr uns bewusst anschaut und unsere Energie wahrnehmt. Viele Menschen haben ein Gespür für die Natur und für uns Bäume. Aber dieses Gefühl ist bei vielen noch nicht vollständig ausgebildet, doch sie sind auf einem guten Weg. Ihr inneres

Hören, Sehen und Verstehen ist noch nicht so weit entwickelt, und sie können sich nicht wirklich vorstellen, mit uns zu kommunizieren, aber sie haben eine große Achtung vor uns und begegnen uns mit großer Liebe und Respekt.

Ihr seht die kranken Kastanien. Sie sind durch Ungeziefer (Rosskastanienminiermotte) krank geworden. Sie werden von Naturengeln und besonders auch durch Naturgeister intensiv Tag und Nacht mit Energie versorgt. So können die Kastanien leben, und es geht ihnen gut. Auch ihr könnt ihnen Licht und Heilenergien senden, um ihr Immunsystem zu stärken. Ich weiß, dass Menschen daran arbeiten, den Bäumen mit chemischen Mitteln zu helfen. Auch dies begrüßen wir in dieser Situation, aber der Großeinsatz chemischer Mittel, der in erster Linie dem Profit dient, bringt eher Schaden für die Natur – es ist ein sehr großer Unterschied, ob ihr nur an euren Gewinn oder auch an die Pflanzen denkt. Die Erde ist ein so schöner Planet, er gibt so vielen Wesen ein Zuhause und der Mensch darf einer gemeinsamen Zukunft aller Lebewesen auf der Erde nicht im Wege stehen.

Wir waren bei einem Spielplatz an einem schönen Kirschbaum vorbeigekommen. Er machte uns auf sich aufmerksam, aber es war durch das Spielen der Kinder ziemlich laut, und wir konnten ihn nur im Vorbeigehen grüßen. Später fragten wir die Eiche, ob sie uns zu dem Kirschbaum etwas sagen könne.

Wir wissen immer, mit welchen Bäumen ihr Kontakt hattet, und ich kann euch antworten. Der Kirschbaum hat eure Aufmerksamkeit gespürt und sich darüber gefreut, und er grüßt euch ganz herzlich. Er war noch jung, als er krank wurde, und war am Absterben. Doch seine Wurzeln waren noch gesund und stark. Ein Gärtner bemerkte dies und hat ihn mit einem Kirschbaumzweig veredelt. So konnte der Baum weiterwachsen, und er ist sehr froh darüber. Dies geschah nicht, weil man Kirschen ernten wollte, sondern einzig, um den Baum zu erhalten.

Der Kirschbaum ist dem Gärtner sehr dankbar und findet es gut, dass er so weiterleben kann.

Es hat mich gefreut, dass ich mit euch reden konnte, ich kann verstehen, dass ihr bevorzugt zu Bäumen geht, bei denen ihr in Ruhe und ungestört sitzen könnt. Über einen persönlichen Gruß von Weg aus freue ich mich aber immer sehr.

ᵕ℀ Benjamin ℀ᵕ
unsere Zimmerpflanze

Über das Leben der Pflanzen in einer Wohnung

Wir kauften die Pflanze vor etwa 30 Jahren, damals war sie ungefähr ein Jahr alt.

Ich bin sehr gerne bei euch in dieser Wohnung, ihr sorgt gut für mich und alle anderen Pflanzen. Vor allem bin ich froh, dass ihr mich auch verstehen könnt, dieses Glück haben nur wenige Zimmerpflanzen. Doch es gibt sehr viele Menschen, die mit ihren Pflanzen reden und ihnen sehr zugetan sind.

Ich mag es, wenn ihr mich anschaut und Gefallen an mir findet. Dies lieben alle Pflanzen und besonders die, mit denen ihr zusammenlebt. Wir danken es euch, indem wir besonders schön blühen. Wenn ihr eure Zimmerpflanzen liebt und ihnen herzlich verbunden seid, fühlen sie sich als ein richtiges Familienmitglied. Wir spüren immer, wie es euch geht, ob ihr fröhlich, traurig oder krank seid. Wir mögen es, wenn ihr singt, lacht, Feste feiert oder Besuch bekommt. So haben wir Anteil an allem, was ihr tut. Schaut uns an, und ihr spürt und wisst, wie es uns geht. Viele können sich nicht vorstellen, dass wir euch wirklich verstehen, doch vielleicht merkt ihr manchmal oder immer, dass wir uns freuen, wenn ihr nach Hause kommt. Wenn wir morgens aufwachen, sind wir glücklich, euch begrüßen zu können. Wie alle Lebewesen sind wir, wenn wir schlafen, in der geistigen Welt, euch Menschen ist dies fast nie bewusst und nur wenige wissen das. Wir sind alle auf einem spirituellen Weg und müssen noch viel lernen.

Es ist für uns nicht angenehm, wenn ihr Teile von uns, Äste oder Ähnliches, abschneidet. Manchmal ist dies notwendig, und wir freuen uns sehr, wenn wir euch gefallen. Wir sind geschaffen, um die Schönheit und die Harmonie der Schöpfung auszudrücken, und freuen uns, wenn eure Wohnungen durch uns ein wenig freundlicher und gemütlicher werden. Wenn ihr Teile abtrennen müsst, könnt ihr uns dies vorher mitteilen, wir können dann Energie aus diesen Bereichen abziehen und es tut uns nicht weh. Im Allgemeinen sind wir jedoch damit einverstanden, wenn ihr uns zurechtschneidet, da braucht ihr keine Bedenken zu haben. Wir sind auch froh, wenn ihr euch bei Schädlingsbefall um uns kümmert. Ihr müsst nicht ständig mit uns reden, ein wohlwollender Blick ab und zu, ein lieber Gruß – und wir haben das schöne Gefühl, zur Familie zu gehören, und fühlen uns wohl. Und denkt auch im Urlaub an uns, wir spüren diese Gedanken sofort, auch wenn sie vom anderen Ende der Erde kommen.

Wir lieben es, wenn ihr herzlich und zärtlich miteinander umgeht, wenn ihr euch umarmt und freundlich zueinander seid. In dieser Atmosphäre fühlen wir uns sehr wohl.

Dass wir genügend Licht und Wasser brauchen, das wisst ihr, und wir danken euch für eure Fürsorge. Wir sind auch gerne mit anderen Pflanzen zusammen, denn immer ganz allein zu sein, wenn ihr viel außer Haus seid, kann auch ein wenig einsam sein. Wir hören auch gerne schöne Musik, besonders Entspannungsmusik, dann schwelgen wir so richtig im Glück.

❧ Brombeerstrauch ❧

Dornensträucher

Wir saßen bei einer Eiche, die wir immer gerne besuchen, und bemerkten einen kleinen Brombeerstrauch, eigentlich waren es nur zwei knapp einen Meter hohe Zweige. Wir essen sehr gerne Brombeeren und lieben Brombeersträucher, doch mit etwas Sorge war uns aufgefallen, dass ganz in der Nähe eine recht große Fläche innerhalb eines Jahres mit Brombeersträuchern zugewachsen war. 'Wenn diese zwei Äste sich auch so schnell ausbreiten, wird es uns nicht mehr möglich sein, zu unserer Eiche zu gehen', dachte ich. Wir hatten auch schon mit der Eiche gesprochen, ob es eine Chance gebe, dies zu verhindern, was sie verneinte. Wir erinnerten uns da an unseren Benjamin zu Hause, der immer schnell bis an die Zimmerdecke wuchs, so dass wir oft Äste abschneiden mussten. Wir hatten ihn daher einmal gefragt, ob er es nicht vermeiden könne, so schnell in die Höhe zu wachsen. "Ich will es versuchen", hatte er gesagt – und seit ein paar Jahren müssen wir keine nach oben wachsenden Äste mehr abschneiden. Wir fragten also den Brombeerstrauch, ob auch er sich in seinem Wachstum mäßigen könne.

Wir Brombeeren wachsen sehr schnell und sind sehr robust und können innerhalb kurzer Zeit alles überwuchern, das ist unsere Natur

– und diese genetische Veranlagung lässt sich nicht einfach stoppen. Wenn die Bedingungen günstig sind, wenn genügend Licht, Wasser und Nährstoffe da sind, breiten wir uns unaufhaltsam aus.

Wir gingen daraufhin zu ihm und baten ihn, in eine andere Richtung zu wachsen.

Wir sind Dornenhecken und ein sinnbildliches Zeichen aus vergangenen Zeiten. Ein Symbol für Jesus Christus mit Dornen auf seinem Haupt. Genauso wie auch der brennende Dornbusch, der einem Mann erschienen ist.

Ich fragte, ob er Moses meine.

Ich meine einen Mann in einem weißen Gewand mit Bart. Nicht der physische Dornbusch selbst brannte, sondern sein ätherischer Bereich erstrahlte durch die Sehnsucht und die große Liebe im Herzen dieses Mannes zu Gott.

Brombeeren wachsen, um Menschen auf ihre Art daran zu erinnern, dass sie Gottes Wesen sind. Sowohl die Menschen, die auf dem Weg zu Gott sind, als auch die Menschen, die von Gott getrennt leben und sich von ihm abgewandt haben.

Die süßen Beeren stehen für die Liebe und die Dornen für das Feuer, das im Herzen brennt. Wenn die Dornen euch stechen, brennt es wie Feuer. Es ist ein Feuer das brennt, aber nicht verbrennt, so wie damals der brennende Dornbusch.

Uns gibt es heute noch, und wir stehen für die Gegenwart Gottes. Für die Allmacht des Schöpfers, die auch heute noch jedes Menschenherz durch Seine Liebe entzünden will.

Durch unser Dasein wollen wir auch an Jesus, den Sohn Gottes, erinnern. Ihr könnt so viel von der Natur lernen, und nur wenn ihr eins werdet mit ihr, findet ihr den Weg zu Gott. Auch ich bin ein Ebenbild

Gottes und ein Sinnbild für seine große Liebe und Schönheit. Gott ist so groß, und er hat das ganze Universum erschaffen. Die ganze Natur und alle Lebewesen hat er nach seinem Ebenbild geschaffen. Ihr müsst euch nur nach der Natur richten und von der Natur lernen, das ist der richtige Weg. Die Technik und euer Verstand haben einen wertvollen Platz in eurem Leben, und wenn ihr sie zum Nutzen aller anwendet, werdet ihr eine große Hilfe und ein Geschenk für uns alle sein. – Ihr wundert euch sehr über das Wissen eines kleinen Strauches, aber es sind nicht nur diese zwei Zweige, die zu euch sprechen, sondern alle Brombeersträucher gemeinsam.

Ich weiß, dass ihr gerne und oft meine Beeren esst, sie schmecken euch gut und ihr solltet sie – wie ihr das auch tut – direkt vom Strauch essen. So haben sie eine große vitale Energie für euren physischen, aber auch für eure energetischen Körper.

Wenn ihr Früchte aus der Natur esst, dann dankt den Pflanzen dafür, sie freuen sich darüber. Es ist die Aufgabe vieler Pflanzen, Nahrung für Tiere und Menschen zu sein. Viele vegetarische Nahrungsmittel sind Früchte von Pflanzen, und wenn ihr diese esst, bleibt die Pflanze erhalten, wie bei Obstbäumen oder Sträuchern. Viele andere Pflanzen leben nur eine Vegetationsperiode, und sie freuen sich, wenn sie ihrer Bestimmung gemäß genutzt werden.

Naturverbundene Menschen können Wünsche an die Natur äußern, und wenn die Liebe dieser Menschen groß ist, kann diesem Wunsch entsprochen werden. Ich kann einen Umweg machen und meine Wuchsrichtung ändern. Ich bin bereit, in die von euch gewünschte Richtung zu wachsen.

ᗰ Eiche im Park ᗰ

Licht der Abendsonne

Genießt diesen wunderschönen Abend – und ganz besonders das Licht der Abendsonne. Die mächtigen Engel des Abends gestalten diese wunderschöne Atmosphäre. Sie schenken mit ihrem Licht Frieden, Ruhe und Entspannung für die Nacht, und unsere Körper, aber auch unsere Seelen werden gestärkt für unsere spirituelle Entwicklung.

Die Engel des Abends sind wie die Engel des Morgens dem solaren Logos, der höchsten Entsprechung des allmächtigen Gottes in unserem Planetensystem, zugeordnet. Das Licht der Morgensonne wird durch die Energie der Engel des Morgens vitalisiert und gestärkt. Ihr Licht gibt Kraft und Lebendigkeit für den Tag und vertieft unsere Zuneigung und Hingabe an Gott und alle Lebewesen.

Auch die Mittagssonne untersteht dem solaren Logos. Die zuständigen Engel energetisieren das Licht, um unsere ätherischen Körper zu kräftigen. Ihr Licht entzündet die Liebe des Herzens, ein geistiges Feuer, das wärmt und erhellt. Ein geistiger Prozess, der Weg der Seele zu Gott, beginnt, der viel Geduld und Ausdauer erfordert.

Obstbäume

Obstbäume haben immer viel zu tun und sind noch mehr von den Jahreszeiten abhängig als wir Laubbäume. Sie verbrauchen für ihre Tätigkeiten sehr viel Energie und werden oft nicht alt. Während der ganzen Vegetationsperiode sind sie damit beschäftigt, das Obst heranreifen zu lassen, und dies bedeutet eine enorme physische und energetische Arbeit. Sie werden dabei von Naturwesen, besonders von den Elfen, unterstützt, die immer emsig, fröhlich und gerne bei ihrer Tätigkeit sind. Trotzdem möchte ich nicht in der "Haut" von Obstbäumen stecken. Im Frühjahr müssen sie sich sehr bald darum kümmern, dass die Bäume zum Blühen kommen, und sie müssen den Duft produzieren, der die Bienen anlockt. Eure Wissenschaftler wissen nichts von der Mühe, die Bäume mit dem Austreiben der Blätter, dem rechtzeitigen Blühen und der Herstellung der Duftstoffe haben – das ist harte Arbeit für die Obstbäume.

Unter der Obhut der Elfen werden die Blüten von Bienen oder vom Wind bestäubt. Wenn die Zeit der Bestäubung vorbei ist, verblühen sie und es bedeutet noch mehr Arbeit, die Früchte wachsen zu lassen. Immerzu müssen sich die Obstbäume darum kümmern, dass genug Nährstoffe in Blätter, Äste und Früchte transportiert werden – dazu die ständige Sorge, dass genügend Licht und Regen vorhanden sind, dass es keine Unwetter mit Hagel gibt, die die Früchte schädigen, dass sie nicht von Ungeziefer befallen werden und vieles mehr. Alle Mühe wäre bis dahin umsonst gewesen, und das wäre sehr schade.

Bei leichtem Frost während der Blütezeit können Elfen die Blüten schützen, doch bei starkem Frost ist dies nicht mehr möglich. Genauso ist es bei zu viel Sonne oder Regen. Bei kleineren Schwankungen können Elfen mit ihren Möglichkeiten den Schaden begrenzen.

Wenn alles gut gewachsen ist, muss das Obst noch zur Reife gebracht werden. Dies ist noch einmal mit sehr viel Arbeit verbunden – und immer bleibt die Sorge, dass kein Unwetter aufzieht oder durch eine andere Ursache das Obst beschädigt wird.

Wir Eichen oder Buchen tragen auch Früchte, aber das ist bei weitem nicht mit so viel Mühe verbunden. Im Vergleich zu den Obstbäumen ist unsere Tätigkeit fast ein Freizeitvergnügen. Ihr wisst vieles über das Wachstum der Bäume und Früchte, doch eure Wissenschaftler haben nicht die Spur einer Ahnung, mit wie viel harter Arbeit dies verbunden ist. Wir Laubbäume unterstützen die Obstbäume mit Energie bei ihrer Arbeit. Darüber freuen sie sich, genauso wie über ein herzliches Dankeschön von euch Menschen. Viele danken Gott für die Früchte der Natur, das ist sehr lobenswert, doch denkt trotzdem auch an die viele Arbeit der Bäume und dankt auch ihnen.

Bei all diesen Strapazen haben Obstbäume noch eine sehr schwere Last zu tragen, auch das geschieht nicht einfach so. Doch sie sind glücklich, wenn Menschen oder Tieren ihre Früchte schmecken. Besondere Engel unterstützen und begleiten sie auch auf ihrem spirituellen Weg, und ein Teil der Engelkräfte wird mit einer Vielzahl anderer vitaler Nährstoffe in den Früchten gespeichert.

Besonders schwer haben es die Bäume auf Obstplantagen. Diese Bäume sind speziell zur Herstellung von Obst gezüchtet worden, niemand fragt, wie es ihnen geht und wie sie sich fühlen. Ganz ehrlich, diese überzüchteten Bäume haben kein fröhliches Dasein. Doch auch für sie sind Elfen und Engel zuständig und unterstützen sie mit einer Energie der Freude. Doch das ist kein Ersatz für das schwierige Dasein, das sie führen. Wir wünschen uns, dass Menschen mehr auf die seelischen Bedürfnisse von Pflanzen achten.

Auch Obstbäume sind sehr spirituelle Bäume. Ihre Energie für andere Lebewesen ist dabei eher in den Früchten gespeichert, während die Energie der Laub- und Nadelbäume direkt ausgesendet wird.

❧ Apfelbaum ❧

Das Leben als Apfelbaum

Ich weiß, dass ihr mit einer Eiche über Obstbäume gesprochen habt. Für einen Obstbaum bin ich schon sehr alt. Es stimmt, dass wir nicht so lange leben wie viele unserer Brüder, aber wir haben trotz unserer vielen Arbeit ein schönes Dasein. Am Beginn meines Lebens gab es hier noch viel mehr Wiesen und Obstbäume, und das Leben war für mich sehr geruhsam. Jetzt stehe ich fast in einem Wohngebiet am Rande eines Dorfes. Im Frühling bewundern die Menschen meine Blütenpracht, und wenn Bienen unsere Blüten umschwärmen, genießen wir das beruhigende Summen. Es ist richtig, dass wir vom Frühjahr bis zum Herbst sehr beschäftigt sind, doch wir Obstbäume lieben unser Leben sehr, und im Jahresverlauf haben wir auch viele schöne Momente. Wenn Menschen oder Tiere im Herbst unser Obst dankbar genießen, ist dies für uns eine besondere Freude.

Ganz anders ist das Leben der Bäume auf Obstplantagen. Sie leben dicht an dicht zusammen und sind gezüchtet worden, um eine große Ernte zu produzieren. Für die Bäume interessiert sich keiner, es geht den Menschen nur um einen hohen Ertrag. Diese Bäume brauchen unsere energetische Unterstützung, auch die von euch Lichtarbeitern. Ihr werdet selten zu diesen Bäumen gehen können, denn diese Plantagen sind oft eingezäunt und nicht einfach zugänglich, um so dankbarer sind sie für eure Hilfe – auch aus der Ferne. In Supermärkten werdet ihr oft Obst von diesen Bäumen kaufen können. Dankt ihnen ganz besonders für ihre Früchte.

❧ Tulpenbaum im Arboretum ❧

Leben der Bäume im Arboretum – spiritueller Weg

Ich wachse sehr gerne in dieser Anlage. Wie ihr seht, werde ich sehr groß, und mit meiner beachtlichen Größe, meinen schönen Blättern und meinen wunderschönen Blüten möchte ich die Menschen erfreuen. Wie alle Bäume sorge ich mit meinen Blättern für Sauerstoff auf der Erde, dies ist eine wichtige Aufgabe, die wir gerne übernehmen. Aus diesem Grund hat Gott uns erschaffen, und deshalb ermöglicht er uns das Leben auf dieser Welt. Die Produktion von Sauerstoff ist wichtig für alle Menschen und die vielen verschiedenen Tierarten. Ich weiß, dass ihr über diese Dinge informiert seid. Wir verstehen ja, was ihr redet und auch was bei den Führungen in diesem Park erzählt wird.

Mein Elefantenfuß ist durch eine Unachtsamkeit der Natur entstanden. Man kann sagen, dass ich in frühen Jahren gestaucht wurde. Meine Wurzeln wuchsen anfangs zu schnell, während ich mit dem Wachstum über der Erde nicht mithalten konnte. Viele Bäume haben Verwachsungen im Wurzelbereich, bei mir konnte dadurch der Elefantenfuß – wie ihr Menschen dies nennt – entstehen.

Wir Tulpenbäume gehören zu einer alten Baumfamilie. Durch unsere eindrucksvolle Größe haben wir, wie alle hoch wachsenden Bäume, eine starke Verbindung zum Kosmos. Nahe am Universum zu sein, heißt auch nahe an der geistigen Welt zu sein. Ich weiß wohl, dass physisch groß zu sein nicht automatisch heißt, dass man eine höhere Bewusstseinsstufe erreicht hat, und auch dass die geistige Welt nicht "oben" angesiedelt ist. Viele geistige Bereiche sind nicht räumlich von uns getrennt. Doch in den großen Weiten des Universums gibt es viele verschiedene und auch andere Energien als auf der Erde, und alle diese Kräfte werden auf unserem Planeten gebraucht. Die Energien, von denen ich spreche, kommen von sehr hohen Engeln, und wir Tulpenbäume haben die Aufgabe und die Fähigkeit, sie auf die Erde zu bringen. Wir verteilen sie in alle Regionen und für alle Lebewesen. Menschen, die von diesen Energien wissen und darum bitten, können diese Kräfte verstärkt und gezielt nutzen.

Alle Bäume haben Gefühle – genauso wie ihr Menschen. Wir können traurig, fröhlich, glücklich und auch ängstlich sein. Wut und Zorn kennen wir auch, doch wir können nicht so aggressiv reagieren wie ihr. Emotionen können auch mental von Baum zu Baum übermittelt werden – auch ihr kennt die Übertragung von Gefühlen und lasst euch gerne von fröhlichen, freundlichen oder netten Menschen anstecken.

Wir freuen uns sehr, wenn Menschen an Führungen in diesem schönen Park teilnehmen und sich für die Natur begeistern. Dieses Interesse ist wichtig für alle Menschen, für die, die schon mit der Natur verbunden sind, aber auch für die, welche erst beginnen, sich mit ihr vertraut zu machen. Wir danken den Mitarbeitern dieser Anlage, die diese Führungen organisieren. Es sind liebevolle Menschen, die sich vorbildlich um uns kümmern und für uns sorgen. Schaut uns an, wir danken es mit besonders schönem Wachstum. Eine Führung oder ein Buch ersetzt natürlich nicht die Erfahrungen, die man selbst in der Natur machen kann. Deshalb ist es auch wichtig, in die Natur zu gehen, zu fühlen, zu hören, sich auf ihre Nähe einzulassen und Spiritualität zu erfahren. Viele Menschen denken, geistige Fortschritte könne man nur mit Menschen oder in Gottesdiensten machen. Das eine schließt das andere ja nicht aus. In die Natur zu gehen, heißt nicht, sich von Menschen oder einer Religion abzuwenden. Auch Bäume und Sträucher sind auf einem geistigen Pfad, und auch wir entwickeln uns immer weiter. Es gibt noch so viel zu lernen. Das ganze Leben ist ein nie endender Lernprozess. Ihr Menschen strebt gerne nach Erleuchtung – doch mit der Erleuchtung fängt das Lernen erst an, und es hört nie auf, auch nicht nach dem physischen Tod. Und das Lernziel ist Gott, die ewige Quelle der Liebe und Weisheit, die Vater-Mutter-Gottheit, die das ganze Universum erschaffen hat.

Tanne – Arboretum

Aufgaben der Tannen

Ich lade euch ein, zu mir zu kommen, es ist angenehm, bei mir zu sitzen und den wohlriechenden Duft meines Öles zu genießen. Spürt die gemütliche Atmosphäre an diesem Platz. Ich freue mich immer, wenn Menschen zu mir kommen und sich wohlfühlen.

Manche Menschen sehen uns nur in der Weihnachtszeit, aber es gab Perioden auf der Erde mit riesigen Tannenwäldern, und viele Tannen hatten die Chance, alt zu werden. Heute ist dies eher selten. Aber ich wachse an einem ganz besonderen Platz und werde von Menschen, die Bäume sehr mögen, umsorgt.

Früher standen wir Tannen dich an dicht auf der Erde, und große Tiere hatten keine Möglichkeit, durch die riesigen Tannenwälder zu laufen oder in ihnen zu leben. So konnten sich junge Tannen prächtig entwickeln. Unsere Nadeln sind, gerade wegen des ätherischen Öles, das ihr Menschen so schätzt, für Tiere ungenießbar.

Wir sind sehr spirituelle Bäume und wachsen sehr hoch in den Himmel. Auch in Bergregionen können wir noch sehr gut leben. In diesen Gebieten, die für Menschen oft unzugänglich sind, haben wir engen Kontakt mit hohen Engelwesen, die diese Gegenden bewohnen. Eure Mystiker und Einsiedler wussten von diesen engen Beziehungen. Sie verehrten alle Wesen in der Natur; doch sie beteten sie nicht an wie manche Völker dies taten. Wir sind keine Götter, und nur der Allmächtige darf angebetet werden.

Besonders durch unsere sehr enge Beziehung zu den hohen Engeln des Friedens in der Weihnachtszeit ist eine enge Verbundenheit mit dem Christentum entstanden. Mystiker und große Heilige erkannten auch dies, und so hielten Tannen schon vor vielen Jahrhunderten in vielen Orten Einzug in die Gotteshäuer. Sie waren damals noch nicht geschmückt wie heute. Erst mit den Jahren holten Menschen sich Tannenbäume in ihre Wohnzimmer und schmückten sie zur Weihnachtszeit, doch viele Menschen kennen die traditionelle Verbindung nicht mehr.

Die Weihnachtszeit ist für uns besonders angenehm. In dieser Zeit senden die großen Engel des Friedens ihre Energien durch uns auf die Erde. Schon in der Adventszeit bereiten wir uns mit sehr viel Freude auf diese friedliche Zeit vor. Wenn es euch möglich ist, geht in der Weihnachtszeit in den Wald, verbindet euch mit uns Tannen und bittet die Engel um die Energie des Friedens. Dies ist auch mental möglich, wenn ihr in der Meditation mit uns Verbindung aufnehmt. Wir sind besonders mit dem Christentum verbunden, doch diese Energie ist für alle Menschen, Tiere und Pflanzen da.

In vielen Tannenwäldern halten hohe Engel nachts Zeremonien ab, wobei sie herrliche Lichtkathedralen für alle Wesen in der Natur erschaffen. Sie kommen hier zusammen, um sich auszutauschen, und werden vorbereitet oder eingeweiht für höhere Bewusstseinsstufen. Ihr könnt dieses Licht sehr selten sehen, aber es ist wunderschön und strahlt weit.

In allen Religionen gibt es Verbindungen zu Bäumen, die den Gläubigen mehr oder weniger bekannt sind. Oft sind es große Heilige oder Religionsführer, die sehr naturverbunden sind und die zu Bäumen eine innige Freundschaft pflegen. Bäume freuen sich darüber und übernehmen gerne spezielle geistige Aufgaben. Meist sind es alte Bäume, die in diesen Ländern wachsen, wie zum Beispiel Olivenbäume, Palmen, Pinien oder der Ginkgobaum in China.

Der Ginkgobaum war vor langer, langer Zeit auch ein Nadelgehölz und hat sich unter Anleitung der Naturengel – nach dem weisen Plan des Schöpfers – zu einem Laubbaum entwickelt. Er ist ein Baum mit einer sehr langen Tradition, der ausgestorben war, doch die Menschen haben ihn wieder zurückgezüchtet. Die Engel der Natur haben diese Entwicklung begrüßt. Aber nicht alles, was Menschen in der Natur ändern oder besser machen wollen, wird befürwortet. Vieles schadet der Natur und bringt auch für euch keinen Nutzen. Der zurückgezüchtete Ginkgobaum jedoch bekam die Möglichkeit, an die spirituellen Erfahrungen seiner Urahnen anzuknüpfen und ihr Vermächtnis fortzuführen.

❧ Eiche im Wald ❧

Herbstzeit – Jahresrhythmen

Es ist noch alles grün, doch so langsam naht die Herbstzeit. Im manchen Jahren kommt es vor, dass wir von den Naturengeln sehr schnell den Impuls bekommen, uns zu beeilen mit dem Vorbereitungen für den Herbst und den Winter. Es kann früh kalt und winterlich werden. Dann drängt die Zeit, und es muss schnell gehen. In anderen Jahren bleibt es noch mehrere Wochen sehr schön, und wir können eine lange, warme Herbstzeit genießen. Wir haben dann genügend Zeit, uns vorzubereiten. In meiner Lebenszeit habe ich es in jedem Jahr anders erlebt.

Nach einer langen Vegetationszeit machen wir gerne eine Pause. Dieser Kreislauf im Jahresrhythmus ist prägend für unser Dasein auf der Erde, ein nie endender Ablauf von Werden und Vergehen. Ihr erlebt die Jahres- und die Tagesrhythmen etwas anders, doch auch ihr müsst euch ihnen anpassen. Die Wetterengel und die Engel der Elemente erschaffen diesen Kreislauf. Es ist ein Rhythmus, der mit viel Liebe und Fürsorge hervorgerufen wird, und er spendet göttlichen Segen und Kraft für alles Leben auf dieser Erde. Im Jahresverlauf gibt es Zeiten der Ruhe und Zeiten des – frohen – Schaffens, auf jeden Fall viele Gelegenheiten für unsere spirituelle Weiterentwicklung. Jede Zeit und jeder Augenblick lässt uns die Gegenwart Gottes spüren.

❧ Eiche im Park ❧

Zum Jahresende

Ich freue mich und danke euch für die vielen Stunden, die ihr in diesem Jahr bei mir und allen anderen Bäumen verbracht habt. Das Wetter ist immer noch sehr schön, und wir genießen die wunderschönen Herbsttage. Es werden sicher noch einige schöne Tage kommen – ihr wisst ja, dass uns die Wetter- und Naturengel ungefähre "Wetterprognosen" geben, so wissen wir, wie das Wetter in der nächsten Zeit werden wird. Es ist jetzt schon merklich kühler, und ihr könnt nicht mehr lange bei uns sitzen; auch die Abende werden schon etwas frischer.

Besonders für spirituelle Menschen – aber auch für alle anderen – ist es empfehlenswert, jetzt im Herbst öfter in den Wald zu gehen, um Kraft für den Winter zu tanken. Bittet um Energie, die euer Immunsystem stärkt, dies ist gerade für die kalte Jahreszeit wichtig. Wir wissen, dass es im Winter sehr kalt werden kann und ihr euch schnell erkälten könnt, und für uns ist es eine Freude, wenn wir euch mit unserer Energie helfen können. Es ist eine Aufgabe, die wir besonders gerne verrichten.

Religiöse Menschen – spirituelle Menschen

Oft kommen Menschen in den Wald, die wenig Interesse für die Natur zeigen. Ich spreche von religiösen Menschen, die noch nicht auf einem spirituellen Weg sind. Es ist ein großer Unterschied, ob ein Mensch religiös oder spirituell ist. Religiöse Menschen sind auf der Suche nach Gott, so wie ihre Religion es vorschreibt. Sie glauben an Gott, der das ganze Universum erschaffen hat, doch sie haben noch nicht erfahren, dass er die Quelle der unendlichen Liebe ist, aus der alles Leben entsteht und genährt wird. Sie denken, dass Gott sie als sein Ebenbild erschaffen hat, trotzdem verstehen sie nicht, dass auch sie Liebe, Weisheit und Kraft sind. Solange sie die Flamme der Liebe in ihrem Herzen nicht gefunden haben, können sie diese Göttlichkeit auch nicht in anderen Wesen spüren. Sie haben ihren inneren Meister noch nicht entdeckt und suchen Religionsführer, die ihnen sagen, was richtig oder falsch ist. Sie brauchen (noch) viele Gebote, Regeln und Verbote. Erst wenn sie sich ihrer Göttlichkeit und Spiritualität bewusst sind, können sie sich der Natur wirklich öffnen.

Doch dies soll keine Wertung sein. Alle Menschen sind auf einem Weg zu Gott und auf einem spirituellen Pfad – nur vielen ist dies noch nicht bewusst. Doch teilt eure Mitmenschen nicht in religiöse oder spirituelle ein. Alle sind auf dem gleichen geistigen Weg und ein harmonisches Ganzes. Jede Art von Trennung trennt auch von Gott.

Wir grüßten von der Eiche aus alle Bäume und wünschten ihnen eine angenehme Winterruhe. Einige Bäume sehen wir nicht so oft, und in manchen Jahren kann es schnell winterlich werden. Zwei Tannen, die wir bestimmt zwei oder drei Jahre nicht mehr gesehen hatten, meldeten sich und grüßten uns ganz besonders.

Wir benutzen zwei verschiedene Formen des Grüßens. Einmal grüßen wir viele Bäume einzeln und freuen uns immer, wenn die Grüße auch persönlich zu uns zurückkommen. Wir spüren dann die vertraute Energie der Bäume. Dies ist etwas zeitaufwendig, aber sehr herzlich. Ein anderes Mal senden wir einfach Grüße an alle Bäume, die wir kennen, ein Rundruf sozusagen, und diese beiden Tannen hatten auf diese Weise immer Grüße erhalten. Sie freuten sich sehr darüber, bedankten sich ganz herzlich und wollten uns sagen, dass es für alle Wesen in der Natur wichtig sei, dass Menschen sie beachten und immer wieder an sie denken.

⁕❦ Morgenländische Platane ❧⁕
in Yalova (Türkei)

Günter wurde 2012 von Bekannten nach Yalova eingeladen. Wir wussten, dass ganz in der Nähe der Wohnung – zu Fuß etwa zehn Minuten – eine alte Platane steht. Atatürk wurde auf einer Reise auf dem Meer von Istanbul nach Bursa auf diesen Baum aufmerksam und baute neben ihm eine Villa. Dieses Haus ist heute als "Laufende Villa" bekannt, denn als Äste gegen das Gebäude wuchsen, wollte ein Gärtner diese absägen. Doch Atatürk beschloss, nicht der Baum wird geschnitten, sondern die Villa versetzt. Auf Schienen wurde daraufhin das Haus um 4,80 Meter verschoben. Atatürk war sehr naturverbunden und hatte besonders zu Bäumen eine brüderliche Beziehung. Dies wurde uns immer wieder auch von Bäumen bestätigt. Sie stellen ihn auf eine Stufe mit Abraham und Methusalem, die bekannterweise im Einklang mit der Natur und mit allen Wesen in Harmonie lebten.

Günter war oft bei dem Baum und wollte die Gespräche mit ihm dokumentieren, doch leider war vor Ort eine längere Kommunikation nicht möglich. Die Platane ist eingezäunt, und ein "sehr beschäftigter" Mann führt ständig lautstarke Dialoge mit seinem Handy in ihrer Nähe. Dies hatte jedoch keinen Einfluss auf die Beziehung von Günter zu dem Baum, und die Verbindung war immer sehr angenehm und vertraut. Die Platane machte ihm den Vorschlag, von Deutschland aus über ein Foto mit ihr zu kommunizieren. So wäre es möglich, in Ruhe miteinander zu reden.

Von zu Hause aus hatte auch ich inzwischen Verbindung zu der Platane aufgenommen – immer wenn ich bei einem anderen Baum saß, konnte ich mit ihr reden. So erfuhr ich, dass es auch in der Türkei, wie überall auf der Erde, Menschen gibt, die im Einklang mit der Natur leben. Sie erzählte mir vom Wissen der Bäume über Jesus, der eine brüderliche Beziehung zu ihnen – und ganz besonders zu Olivenbäumen – hatte. Auch Atatürk war dies übrigens bekannt.

Viele Bäume hier in Deutschland spür(t)en meine Nähe zu der Platane in Yalova. Sie wissen, dass sie ein Heilbaum ist, und sind dankbar für die Energieübertragung, die durch mich möglich ist. Bäume sind immer erfreut darüber, wenn Menschen in ihrer Gegenwart auch an andere Bäume denken oder Kontakt mit ihnen aufnehmen.

Nach drei Wochen war Günter wieder in Deutschland, und nun versuchten wir gemeinsam, mit ihr zu sprechen.

Es freut mich, dass ihr den Weg zu mir gefunden habt. Leider konnte Marita (die Bäume kennen unsere Namen) nicht persönlich hier sein. Vielleicht könnt ihr ja das nächste Mal zusammen kommen. Es ist für alle Bäume immer eine besondere Freude, wenn sie Kontakt mit Menschen haben, die mit der Natur reden können. Ich habe mein Leben einem sehr großen Freund der Bäume (sie spricht hier von Atatürk) zu verdanken. Der Kontakt zu diesem Menschen besteht immer noch, und wir können uns immer noch verständigen. Er hat mich nicht gepflanzt, doch es ist sein Verdienst, dass ich an diesem wunderschönen Platz alt werden kann. Er ist ein Bruder von uns Bäumen – so wie viele Menschen.

Günter hat eine große Reise zu mir unternommen, und es war für mich eine große Freude, dass er den Weg zu mir gefunden hat. Wenn er auch nicht an meinem Stamm sitzen und meine Wurzeln berühren konnte, war der Kontakt doch sehr intensiv. Durch Günter habe ich auch Marita kennengelernt. Ich weiß, dass ihr beide oft zusammen in der Natur und unsere Brüder seid. Schön, dass wir auch weiter in Kontakt bleiben und miteinander sprechen können.

Mir geht es gut. In dieser Region sind die Menschen sehr naturverbunden. Durch ihren Glauben gehen die Menschen sorgsamer mit allen Lebewesen um als in eurem Land. (Wir fragten nach, ob wir das richtig verstanden hatten, und die Platane bestätigte die Aussage.) Ihre Religion lässt ihnen die Freiheit, mit der Natur im Einklang zu leben, und sie können so zufriedener und besser mit ihr umgehen. Bei euch hat sich dies in den letzten Jahrhunderten geändert. Aber wir sehen auch, dass überall auf der Erde Menschen beginnen, wieder fürsorglicher mit ihrer Umwelt umzugehen, und Verantwortung übernehmen. Es ist ein Prozess, der allmählich in Gang kommt, und immer mehr Menschen verstehen, dass die Erde ein Zuhause für alle Lebewesen ist.

Besonders auf dem Land leben Menschen hier noch im Einklang mit der Schöpfung. Sie wissen, dass Menschen, Tiere, Pflanzen, ja die ganze Natur eine Einheit und für sie lebenswichtig sind. Doch wie überall auf der Welt gibt es auch hier (in der Türkei) Mitmenschen, die diese Ansicht nicht teilen. Doch viele Menschen beten für uns oder können mit uns reden. Sie sprechen mit uns alten Bäumen und mit Pflanzenwesen, die die Natur unterstützen. Viele Imame setzen sich zu uns und ziehen die ganze Natur in ihre Gebete mit ein. Sie beten nicht nur für eine gute Ernte, sondern sie wollen auch, dass es den Pflanzen gut geht. Doch einige bleiben oft in alten, überholten Ritualen stecken und schlachten zum Beispiel junge Schafe, um sie Gott zu opfern. Es ist für uns sehr unangenehm, wenn wir beobachten, dass Lämmer oder auch andere Tiere als Opfer dargebracht werden. Diese Personen sind in einer alten

Tradition aufgewachsen, oft sind es einfache Menschen, die nicht lesen und schreiben können. Sie haben keine Möglichkeit, die Richtigkeit dieser überlieferten Gebote zu überprüfen oder zu hinterfragen und sind auf Führung angewiesen. Besonders bei sehr traditionsgebundenen Menschen, die manchmal auch bereit sind, für ihren Glauben Kriege zu führen, sind alte Bräuche Teil ihrer Religion. Doch es wird auch hier ein Umdenken geben, und immer mehr Menschen erkennen, dass es wichtig ist, im Glauben die Liebe zu allen Wesen zu leben und zu verstehen, dass Tiere zu opfern keine von Gott gewollte Praxis ist.

Wir verabschiedeten uns fürs Erste. Die Platane wünschte uns eine schöne Zeit und hoffte auf ein baldiges weiteres Gespräch. Ein paar Tage später fragten wir den Baum, ob er uns sagen könne, ob er eine Platane oder ein Ahorn sei, denn manchmal ist in Informationen über ihn auch die Rede von einem Ahornbaum. Wir glaubten, dass er eine Platane ist, waren uns aber nicht sicher.

Ich denke, ich bin eine Platane. Ich bin gezüchtet worden und habe vielleicht auch ein paar Gene von einem Ahorn. (Den Ausdruck "Gene" verwenden Bäume häufig in Gesprächen. Wir nehmen an, dass dies nicht immer streng biologisch zu verstehen, sondern manchmal auch energetisch oder verwandtschaftlich gemeint ist.) Ich kann mich nicht erinnern, wie ich hier an diesen Platz gekommen bin. Die Unterscheidung zwischen Platane oder Ahorn ist für mich auch nicht ganz so wichtig. Ich fühle mich beiden Baumarten sehr verbunden. Mithilfe von Menschen kam ich an diesen Platz direkt am Meer, an dem ich die Chance habe, sehr alt zu werden. Für diese Möglichkeit bin ich sehr dankbar. Viele Menschen kommen zu mir, einige allerdings eher wegen Atatürk und weniger wegen mir.

Atatürk hat neben mir ein Haus gebaut. Es war ein Erholungshaus für ihn. Oft saß er an meinem Stamm und unterhielt sich mit mir. Aber er traf sich hier auch mit anderen Politikern aus der Türkei. Viele verehrten ihn und spürten seine große Naturverbundenheit. Diese Menschen saßen bei mir und haben hier gegessen und getrunken. Mit großem Interesse hörte ich ihren Unterhaltungen und Diskussionen zu. Sehr interessant war es auch für mich, als man das Haus versetzt hat. Es war eine schöne Geste der Wertschätzung, die mich sehr freute. Für uns ist es auch immer lehrreich zu beobachten, wie ihr technische Arbeiten erledigt. Ihr habt so viele Möglichkeiten, euer Leben zu gestalten. Doch leider nutzt ihr euren Verstand zu selten, um eure Zeit auf der Erde angenehm und wertvoll zu erschaffen. Ich sage ganz bewusst "erschaffen", denn genau so ist es.

Ich weiß, dass ich in einem anderen Kulturkreis lebe. Doch eine größere Rolle spielt für uns Bäume die Klimazone, in der wir leben, und die Nähe zu anderen Pflanzen und der Natur. Für euch sind kulturelle Unterschiede oft von großer Bedeutung. Wir können nicht verstehen, dass ihr Mitmenschen, die einer anderen Religion oder einer anderen Kultur angehören, bekämpft. Religion ist kein Feld, um Kriege zu führen, und es gibt eigentlich niemals einen Grund für kriegerische Auseinandersetzungen. Einige erkennen, dass es möglich ist, dass Menschen aller Glaubensrichtungen sich gegenseitig wertschätzen und friedlich miteinander leben. Dass ihr dies versteht, ist ein großes Anliegen von uns, und wir bitten Menschen, die uns zuhören können, immer wieder, unsere Botschaft zu vermitteln. Aber wir wissen auch, dass es nicht einfach ist, weil ihre Mitmenschen nicht bereit sind, dies zu begreifen. Sie wollen nicht einsehen, dass der Einsatz von Waffen niemals gerechtfertigt ist. Auch für uns, für die Tiere und die ganze Natur ist es erfreulicher, in einer friedlichen Welt zu leben. Alle Wesen haben in Kriegsgebieten kein angenehmes Leben, und genau wie Menschen haben sie ständig Angst und Sorgen. Die ganze Erde wartet, dass ihr dies versteht und friedlich miteinander umgeht und in Harmonie lebt.

Gott möchte, dass ihr an ihn glaubt, aber es ist nicht wichtig, welcher Religion ihr angehört. Oft denkt ihr, dass der Glaube, dem ihr angehört, der einzig wahre sei. Doch Menschen aller Weltanschauungen sind auf einem ähnlichen Weg, und jede Glaubensrichtung ist gleich wertvoll und gut. Natürlich könnt ihr eurem Glauben treu bleiben, ihr sollt es sogar. Nur vergesst nicht, dass es in jeder Religion möglich ist, Gott und alle Wesen zu lieben und zu achten. Genauso wie es auch in jedem Glauben möglich ist, eins mit Gott zu werden. Im Grunde ihres Herzens wissen dies auch alle Menschen. Wichtig ist immer nur die Liebe. Wir alle sind auf der Erde, um zu lieben und um zu lernen. Ihr urteilt gerne, aber es ist nicht eure Aufgabe zu urteilen. Ich lebe schon lange und habe viel erfahren, und ihr könnt mir vertrauen. Zu lieben, bedingungslos zu lieben, ist immer der richtige Weg.

Es war inzwischen Herbst geworden. Die Blätter der Platane begannen, sich zu verfärben, und die Seele des Baumes hielt sich bis zum Frühling in der geistigen Welt auf. Wir verabschiedeten uns in der Gewissheit, dass wir immer verbunden sind.

Die Bitte an uns Menschen, dass wir in Frieden leben und keine Kriege mehr führen sollen, haben wir immer wieder gehört. Die Bäume verstehen nicht, dass wir uns immer wieder gegenseitig bekämpfen – es ist ein Kampf, der für niemanden einen Vorteil hat und allen Beteiligten immer nur Zerstörung und viel Leid bringt. Inzwischen gibt es immer mehr Menschen, die sich für eine dauerhaft friedliche Welt einsetzen. Sie sehen ein, dass es für uns Menschen auf dieser Erde nur eine Zukunft gibt, wenn wir friedlich miteinander leben und auch mit der Umwelt und der ganzen Natur sorgsam umgehen. Wir wissen, dass auch Tiere und Pflanzen eine Seele haben, und auch sie sind auf einem spirituellen Weg und haben eine Aufgabe hier auf der Erde. Wir haben für sie eine Mitverantwortung und dürfen sie nicht behindern. Aber auch mit unseren Mitmenschen gehen wir nicht immer liebevoll um, ihre Arbeit wird nicht gerecht entlohnt und sie werden auf vielen Gebieten ausgenutzt ... Doch dies soll nicht Thema dieses Buches sein.

Naturengel
erzählen

Naturengel, mit denen wir in Kontakt stehen, gehören zum Reich der Erde. Es sind die Engel der Natur, die für Bäume, Sträucher, Blumen und das Wachstum auf der Erde zuständig sind. Sie melden sich oft, wenn wir im Wald unterwegs sind, und auch von zu Hause aus können wir mit ihnen Verbindung aufnehmen.

Erdelementare, Frakins, Elfen

Wir möchten über die kleinen Naturwesen sprechen. Sie sind die ersten Wesen im Frühling, die mit der Arbeit an den Bäumen und in der Natur beginnen, noch lange bevor die Seelen der Pflanzen aus der geistigen Welt zurückkommen.

Elementare, die kleinsten Wesen aus dem Reich der Erde, umsorgen die Knospen und kümmern sich darum, dass die Blätter anfangen zu wachsen. Wenn die ersten grünen Blattspitzen zu sehen sind, übernehmen die Elfen die weitere Arbeit. Dies ist auch die Zeit, in der die Baumseelen aus der Winterruhe zurückkommen. Für Elfen und die Bäume beginnt nun eine sehr arbeitsreiche Phase. Die Erdelementare ziehen sich ins Erdreich zurück und sind hier weiter beschäftigt und kümmern sich um die Wurzeln der Pflanzen. Mit der Hilfe von Pilzen und Mikroorganismen entfernen sie abgestorbene und kranke Bereiche der Wurzeln. Nachts kommen sie aus dem Erdreich und treffen sich an spirituellen Orten mit Naturengeln und Devas. Hier werden sie vorbereitet auf ihren Aufstieg in höhere Bewusstseinsstufen und bekommen Anweisungen für ihre Arbeit. Ihr könnt euch vorstellen, wie angenehm es für Elementare ist, wenn sie aus der Erde in Bereiche über der Erde kommen dürfen und wenn nach ihrem Aufstieg ein Dasein als Elfe für sie beginnt.

Frakins kümmern sich um Blumen. Im Volksmund werden sie auch Blumenelfen genannt, während die Elfen die größeren Baumelfen sind. Die Frakins kümmern sich um den ätherischen Bereich der Pflanzen und versorgen ihn mit Energie; der Ätherkörper umgibt den physischen Körper und ist für dessen Gesundheit und Wohlbefinden wichtig. Die Energie, die sie für ihre Aufgabe benötigen, erhalten sie von den Engeln der Natur. Sie sind stets emsig, mit sehr viel Freude bei ihrer Arbeit und überaus freundliche und liebenswürdige Wesen. In der Winterzeit, wenn die Pflanzen und Bäume ruhen, ziehen sie sich auf Inseln zurück, auf denen sie sich entspannen können. Diese Inseln sind Bereiche der physischen Welt. Es sind Spielwiesen zum Erholen, Singen, Tanzen und Herumtoben, und auch in dieser Zeit werden sie von Naturengeln begleitet.

Im Frühling werden diese überaus liebevollen und freundlichen Wesen von Baumdevas wieder zu den Bäumen gerufen und beginnen mit ihrer Arbeit. Baumelfen bleiben meist bei demselben Baum, solange er lebt. Wenn dies nicht mehr möglich ist, werden sie von einem Deva zu einem anderen Baum gerufen.

Die Elementare des Erdreiches steigen nach vielen Jahren zu Elfen auf und nach einigen Jahrhunderten und vielen Einweihungen zu Devas.

Auch die Elfen sind immer guter Laune und mit sehr viel Freude bei ihrer Beschäftigung. Wut und Zorn kennen sie nicht. Aggressivität und starke Gefühlsäußerungen können sie nicht verstehen, und sie meiden Menschen, die sich respektlos und der Natur gegenüber gleichgültig verhalten. Erschrocken ziehen sie sich auch von Menschen zurück, die die Natur geringschätzen oder ihr gar Schaden zufügen. Überhaupt sind Elfen Menschen gegenüber sehr scheu, und auch für spirituelle und naturliebende Menschen ist es einfacher, mit Bäumen und Naturengeln in Kontakt zu kommen. Und doch gibt es immer wieder Menschen, die das Vertrauen der Elfen gewinnen und denen sie sich zeigen.

Bäume und Elfen sind besonders im Frühling, bis alles grünt und blüht, und im Herbst, wenn die Blätter bunt werden, sehr beschäftigt. Bevor die allerletzten Blätter abfallen, gehen die Baumseelen bis zum Frühling in die geistige Welt. Die Elfen bleiben, bis alle Blätter vom Baum gefallen sind, und ziehen sich dann in ihre Erholungsgebiete zurück.

Menschen in der Natur – das Jagen von Wild – Raubtiere

Wir beobachten Menschen in der Natur ganz genau und erkennen, ob ein Mensch gut zu allen Pflanzen und Tieren ist. In eurem Energiefeld ist genau gespeichert, wie euer Verhalten in der Vergangenheit war. So wissen wir zum Beispiel, ob ihr Bäume gefällt habt und auch warum ihr dies getan habt. Es ist ein großer Unterschied, ob ihr Holz braucht für notwendige Gegenstände oder ob ihr euch bereichern wollt. Wir erkennen auch, ob ihr Vegetarier seid und ob ihr kleinen Insekten oder Blumen mit Liebe begegnet. Natürlich müsst ihr euch nicht von lästigen Insekten plagen lassen, eine Stechmücke zu beseitigen ist etwas anderes, als einen Käfer zum Spaß zu zertreten. Wir wissen auch, ob ihr voller Vertrauen Naturmedizin verwendet, wenn ihr krank seid, und auch ob ihr dankbar für die Nahrung und Heilmittel von Mutter Erde seid, genauso wie für die Luft zum Atmen und klares Wasser zum Trinken.

Besonders genau beobachten wir Menschen, die sich nicht für die Natur begeistern können. Viele Menschen geben auch vor, dass sie sich für die Natur interessieren, ihr Interesse ist aber lediglich ein Lippenbekenntnis und keine echte Wertschätzung.

Unter besonderer Beobachtung stehen aber Jäger, besonders während der Jagd. Tiere haben sehr große Angst, wenn sie einen Schuss hören, und ihre Engel begleiten sie fürsorglich in dieser Zeit. Wenn ein Tier getötet wurde, sind ihre Schutzengel und auch die liebevollen Engel des Todes ihnen ganz besonders nahe. Zurückgebliebene Freunde, Kinder oder Mütter von getöteten Tieren werden mit sehr viel Liebe in der Trauerzeit betreut. Trotzdem ist der Schmerz, den sie erleiden, sehr groß und die Situation emotional sehr belastend für die Tiere.

Wir verstehen ein Stück weit, dass die Jagd sein muss und Tiere sich nicht zu sehr vermehren dürfen. Früher sorgten Bären, Wölfe und Luchse für einen Ausgleich, und heute haben Jäger diese Aufgabe übernommen. Doch die ganze Angelegenheit ist sehr ambivalent, und wir wissen, dass sie auch unter den Jägern kontrovers diskutiert wird. Manche Jäger haben ein Stück weit Mitgefühl mit den Tieren und schießen nur, wenn es wirklich notwendig ist. Andere sind eher gefühlskalt und haben den Tieren gegenüber ein Überlegenheitsgefühl oder wollen ihre Macht über das Leben der Tiere oder die Natur zeigen. Viele gehen sogar so weit, dass sie Tiere füttern, manchmal sogar mit

Kraftfutter, damit genügend Wild zum Jagen zur Verfügung steht. Auch Bäume beobachten die Jagd, und sie haben Mitgefühl mit den Tieren. Sie können nicht verstehen, dass man sie so hetzt und ihnen Schmerzen zufügt.

Menschen werden auch im Wald geführt und geleitet. Viele haben ein gutes Gespür für die Natur, doch sie müssen noch viel über Tiere und Pflanzen lernen. Es gibt sehr wenige Menschen, die andere unterrichten wollen oder können. Diejenigen, deren Liebe zur Natur groß ist und die einiges erfahren haben, trauen sich nicht, darüber zu sprechen. Sie leben sehr zurückgezogen und fürchten, nicht verstanden oder gar ausgelacht zu werden. Und dies nicht zu Unrecht. Der großen Mehrheit der Menschen ist der Gedanke, dass Bäume, Tiere und Pflanzen genau wie ihr eine Seele haben, völlig fremd. Doch das soll sich ändern, viele Menschen nehmen die Führung der Naturengel und die anderer Menschen dankbar an. Auch ihr (Günter und Marita) wurdet geführt, und wir wünschen uns, dass immer mehr Menschen den Mut finden, über ihre spirituellen Erfahrungen in der Natur zu sprechen.

Ganz in der Nähe beobachteten wir einen Schmetterling. Er flog sehr langsam und schwerfällig, nicht so leicht und beschwingt, wie man es sonst bei einem Schmetterling beobachten kann.

Dieser Schmetterling sucht sich einen Platz zum Sterben. Er weiß, dass sein Ende gekommen ist. Engel führen ihn, damit er einen ruhigen Ort findet.

Manchmal müssen Menschen auch angestoßen werden, um Ereignisse in der Natur wahrzunehmen. Oft reicht eine kleine Pause, weil man müde ist. Es kann aber auch mal ein verstauchter Fuß sein, der Menschen zu einer Rast und einer Beobachtung zwingt. Wir Engel werden euch nie manipulieren, und nur wenn eure Seele bereit ist, sich führen zu lassen, sind unsere Hinweise möglich und haben Erfolg.

Sehr hohe Naturengel ziehen sich am Tag oft zurück in die Berge oder in abgelegene Regionen. Nachts kommen sie zurück und treffen sich mit allen Naturengeln, Baumdevas und Naturgeistern an spirituellen Orten. Sie alle gehören zur Engelhierarchie und steigen immer weiter auf. Bei ihrer Arbeit, aber auch bei ihrem Aufstieg in höhere Bewusstseinsstufen werden alle von höheren Wesen unterstützt und begleitet.

Alle geistigen Wesen in der Natur, aber auch alle energetischen und physischen Körper der Tiere und Pflanzen versorgen wir mit Energie. Sie alle brauchen ständig geistige Kräfte für ihre Gesundheit und für ihr Weiterkommen. Die kleinen Naturwesen wie Elementare, Elfen und alle anderen sind stets mit viel Freude und Fröhlichkeit im Einsatz und immer bereit zu dienen. Negative Gefühle sind ihnen völlig fremd.

Wir kümmern uns auch verstärkt und mit viel Liebe um kranke Bäume. Doch wenn die Zeit zum Sterben für einen Baum gekommen ist, ziehen wir uns zurück, zusätzliche geistige Kräfte würden seinen physischen Tod nur hinauszögern. Spezielle Engel versorgen ihn weiter mit Energien und erleichtern so seinen Sterbeprozess. So ist gewährleistet, dass er stets mit viel Liebe umsorgt und sein Leben nicht um jeden Preis verlängert wird.

Wir können genau abschätzen und wissen, wann ein Baum welche Energie braucht, und wir wissen auch genau, wann die Zeit zu gehen für ihn gekommen ist. Bei alten Bäumen, die natürlich und nicht durch Krankheit sterben, ist der Tod ein Prozess, der viele Jahre dauert. Ganz langsam schwindet seine physische Stärke. Seine seelische Kraft bleibt bis zum Tod erhalten und ist über den Tod hinaus noch einige Zeit an dem Platz, auf dem er lebte, spürbar. Auch das Holz des physischen Baumes ist nach seinem Tod für die Natur nicht verloren. Es zerfällt mit der Zeit und wird mit der Hilfe von Pilzen an die Natur zurückgegeben. Irgendwann wird vielleicht an der gleichen Stelle der Same eines neuen Baumes aufgehen. So entsteht ein ewiger Kreislauf von Werden und Vergehen.

Energien in Gebäuden und Wohnungen

Das Schloss, das ihr vor euch sehen könnt, wurde vor langer Zeit aus Steinen erbaut. Auch in diesen Steinen ist geistiges Leben, und Engel senden ihre Kraft in dieses Gebäude. Solange Menschen in Häusern wohnen und solange regelmäßig Besucher in Gebäude kommen, bleibt auch Energie in den Steinen gespeichert. In dieses Schloss kommen täglich viele Besucher, und die Steine nehmen auch ihre Energien auf. So ist die Atmosphäre in jedem Gebäude anders.

In Kirchen und Gebetshäusern sind auch die Energien der Engel des Gebetes, der Engel des Friedens, der Liebe und die vieler anderer Engel aufbewahrt. Dazu kommen die Energien der Menschen, die diese Stätten voller Hingabe und mit großem Vertrauen betreten. Alle diese Kräfte sind spürbar und sorgen für eine bestimmte Atmosphäre. Ganz anders ist die Stimmung an Orten, an denen schreckliche Dinge passierten. Negative Energien können für eine sehr lange Zeit in diesen Gebäuden und Plätzen konserviert sein.

Ruinen haben kein Leben mehr. Häuser, die nicht mehr bewohnt sind, verfallen von innen her. Nur die äußeren Bereiche sind durch Pflanzen und Tiere noch längere Zeit belebt. Es ist auch möglich, dass Seelen von Menschen, die hier wohnten, noch mit diesen Orten verbunden sind. Besucher merken dies nicht, wohl aber die Steine, und sie können noch längere Zeit ein Zuhause für diese Wesen sein. Sensitive Menschen können die verschiedenen Energien an diesen Orten wahrnehmen, vor allem wenn es sich um Orte handelt, an denen sich bedrohliche Dinge ereigneten. Die alte Energie kann sehr lange erhalten bleiben. Spirituelle Menschen können diese Orte reinigen, oder sie können Engel bitten, dies zu tun.

Es ist euch möglich, euch mit dem Bewusstsein der Steine zu verbinden, auch sie können euch sehr viel erzählen. Das Steinbewusstsein ist anders als das von Menschen, Pflanzen oder Tieren, doch die Steine sind auf ihre eigene Art und Weise auch belebte Natur. Dies spürt ihr besonders an heiligen Orten, an Pilgerstätten, in Kirchen oder Kathedralen. An diesen Plätzen ist die Energie besonders stark. Auch Felsen, Berge, Seen und Landschaften haben ihre eigene Atmosphäre, dazu kommen noch die Kräfte der vielen Engel und Naturwesen, die diese Regionen bewohnen. Mystiker und Einsiedler ziehen sich oft in diese Gegenden zurück. Hier können sie in Kontakt treten mit den mächtigen Engeln der Berge, Seen oder Meere und auch mit vielen großen geistigen Wesen oder Lebewesen. Jeder Mensch, der Verbindung mit dem Innersten seiner Seele hat, kann mit der Seele von Pflanzen oder Tieren, mit Engeln, seinen Geistführern oder seinem Höheren Selbst in Kontakt treten.

Die großen Engel der Berge gestalten die Energien in großen Höhen. In diese Bereiche ziehen sich zeitweise andere Engel und mächtige Wesen zurück. Viele Menschen spüren die besondere Kraft der Berge und bringen an diese Orte ihre Gebete zu Gott. In manchen Religionen werden Berge verehrt, doch das soll nicht sein. Es sind göttliche Energien, die hier wirksam sind, doch sie sind nicht Gott selbst. Lobpreis und Verehrung gebühren nur Gott, und nur dieses allmächtige Wesen der Liebe darf angebetet werden.

In sehr großen Höhen ist die Luft sehr dünn, und für den Menschen ist es nicht mehr möglich, ohne Hilfsmittel zu atmen. Dies ist ein Hinweis darauf, dass Menschen nicht in diese Höhen vordringen sollen. Für einige Menschen mag die Erfahrung in diesen Gegenden sinnvoll sein, doch nur wenige können die mächtigen Kräfte, die hier vorherrschen, aushalten. Diese Empfehlung solltet ihr ernst nehmen. Diese reinen Energien werden für Engel auf die Erde ausgestrahlt und sind für Menschen viel zu stark. Doch sie werden von besonderen Wesen in eine Konzentration gebracht, die für euch nützlich und brauchbar ist. Sie steht euch vor allem über die Atemluft zur Verfügung.

Plantagenwälder

Plantagenwälder, in denen schnell wachsende Bäume, wie zum Beispiel Weiden oder Pappeln, angepflanzt werden, sehen wir als eine positive Sache. Sie sollte jedoch nicht übertrieben werden. So wie es jetzt geplant ist, schont sie die Umwelt und besonders den Wald als Lebensraum. Wir Naturengel und die Bäume wissen, dass Menschen Holz benötigen, aber ihr solltet sehr achtsam mit den Ressourcen umgehen und euch nur so viel nehmen, wie ihr braucht. Plantagenwälder dürfen nicht wegen des Profits zu einem größeren Wirtschaftszweig ausgedehnt werden. Für die angepflanzten Bäume ist es kein angenehmes Leben, aber sie werden unterstützt und geleitet von Baum- und Naturengeln. Doch dies darf kein Freibrief für euch Menschen sein, diese Möglichkeit der Holzproduktion zu sehr auszuweiten.

Die Bäume in diesen Plantagen fühlen sich zu Recht ausgenutzt. Menschen, die in ihnen arbeiten, müssen ihre Tätigkeit unter Zeitdruck verrichten, und man lässt ihnen nicht die Zeit, freundlich zu den Bäumen zu sein und liebevoll mit ihnen umzugehen. Die Baumseelen der Plantagenbäume wissen, dass sie ein kurzes Leben haben. Sie und auch wir Naturengel akzeptieren dies. Auch ältere Bäume unterstützen sie energetisch, denn die Plantagenbäume haben wirklich kein leichtes Leben, und sie sind sehr dankbar für diese Hilfe. Ihr solltet diese Möglichkeit der Holzgewinnung nicht als Selbstverständlichkeit ansehen und diesen Bäumen danken und auch für sie beten.

Wenn ihr für die Pflanzen betet, können wir viel mehr für sie tun, denn wir sind sehr auf eure Fürbitten angewiesen. Viele Menschen haben keine Ahnung, wie wirkungsvoll und wichtig Gebete auch für die Natur sind. Die Atmosphäre wird damit für alle freundlicher und herzlicher, alle Elementarwesen und Elfen können sich liebevoller und mit noch größerer Freude um die Pflanzen kümmern.

Viele Gärtner, Wald- und Landarbeiter spüren eine innige Verbindung mit den Wesen der Natur, doch man lässt auch ihnen bei ihrer Arbeit keine Zeit für einen fürsorglichen Umgang mit Pflanzen und Tieren. Ihr müsst noch sehr viel lernen auf eurem Weg in die neue Zeit.

Negative Gefühle der Menschen erschaffen negative Gedankenformen, die Elementale, die die Arbeit der Naturwesen erheblich stören und beeinträchtigen. Gebete und liebevolle Gedanken aber schaffen eine lichtvolle Atmosphäre, aus der sich negative Elementale zurückziehen. In einer liebevollen und freundlichen Umgebung können sie nicht existieren. (Elementale dürfen nicht verwechselt werden mit Elementaren, die die kleinsten Naturwesen der Elemente sind.)

Parkanlagen

Gepflegte Parkanlagen sehen für euch Menschen meist gut aus, aber eine wilde Natur ist auch schön und würde nicht nur euch sehr gut gefallen. Trotzdem sind Parks, so wie sie oft angelegt sind, eine wunderbare Gelegenheit für Menschen, Pflanzen und Tiere, sich zu begegnen. Gärtner und Baumpfleger, die für die Anlagen verantwortlich sind, sorgen und kümmern sich meist sehr liebevoll um Bäume, Blumen und andere Pflanzen. Viele Stadtmenschen sind sehr naturverbunden und haben nicht immer die Möglichkeit, in den Wald oder in die freie Natur zu fahren. Menschen werden auch in Parks oder in ihren Gärten von Naturwesen und Naturengeln inspiriert und spüren den Drang, sich hinzusetzen und bewusst die Zeit zu genießen. Sie sollen sich freuen über die Natur, Tiere beobachten, dem Bach oder dem Brunnen lauschen, den Duft der Wiesen und Blumen riechen und die Sonnenstrahlen auf der Haut spüren. Auch der Wind, die Wolken und der Regen sind Natur und möchten mit euch in Kontakt treten. Die ganze Natur bringt euch so viel Liebe und Wohlwollen entgegen und wartet geduldig auf euer Entgegenkommen.

Menschen, die sich für die Natur interessieren, setzen sich auch für sie ein. Sie werden insgesamt wachsam für die Bedürfnisse allen Lebens auf der Erde. Mutter Erde ist sehr auf diese Menschen und ihre Unterstützung angewiesen. Sie arbeiten oft unbewusst Hand in Hand mit den Naturwesen, den Engeln und den Elementen und wirken mit an einer wunderbaren Atmosphäre, in der alles hervorragend gedeihen kann.

Kraftorte in der Natur

In allen Waldgebieten gibt es Kraftorte. Es sind Plätze, auf denen seit vielen, vielen Jahren spirituelle Zeremonien abgehalten werden. Hier treffen sich Naturengel und Naturwesen mit hohen Engeln der Elemente. Sie werden geleitet auf ihrem geistigen Weg und bei ihren Aufgaben für die Natur. Hier werden sie über wichtige Begebenheiten in der betreffenden Waldregion und auf der ganzen Erde unterrichtet und mit Energien versorgt. Die Energien, die ausgesendet werden, sind für die ganze Gegend, für Tiere und alle Pflanzen bestimmt. Die Kraftorte, von denen wir hier sprechen, sind speziell für die Natur. Viele sind für einen langen Zeitraum an gleichen Orten, andere wechseln, wenn sich die Gegend verändert. Sensible Menschen, die sich an solchen Stätten aufhalten, können die positiven Kräfte durch ein verstärktes Wohlbefinden spüren. Es gibt auch in Bergregionen oder an großen Seen spezielle Plätze, die Treffpunkte für geistige Wesen sind. Hier treffen sie sich zu besonderen Gelegenheiten, an großen Naturfesten zum Beispiel.

Spezielle Kraftorte gibt es auch für Menschen. Es sind Plätze, die Menschen aufgesucht haben, weil sie eine besonders positive Kraft haben. Sie haben sich oft über eine sehr lange Zeit entwickelt, das heißt, ihre Energie ist mit den Jahren immer stärker geworden. Es sind Treffpunkte von Engeln, Menschen und auch von Naturengeln. Häufig stehen oder standen alte Bäume an diesen Orten. Auch Kapellen und Heiligenhäuschen werden bevorzugt an diesen Stätten erbaut, weil naturverbundene Menschen die besonderen Energien spüren.

In vergangener Zeit wurden an solchen Orten oft Opfer dargebracht. Menschen- oder Tieropfer, die niemals von Gott gewollt waren. So ist die Energie an diesen Plätzen nicht immer positiv. Durch Ängste der Opfer entstand eine negative Atmosphäre, in der sich heilende Kräfte und Licht nicht ausbreiten konnten. Engel bleiben diesen Opferstätten fern, ihre Energie ist viel zu feinstofflich und rein. Es dauert oft eine sehr lange Zeit, bis sich die negative Kraft aufgelöst hat. Spirituelle Menschen können auch diese Plätze reinigen oder Engel bitten, dies zu tun.

Kraftorte waren in der Vergangenheit oft Versammlungsplätze für Menschen, wie Stonehenge zum Beispiel. Es sind Orte, geschaffen von Menschen in früherer Zeit, die sehr naturverbunden waren. Sie hatten eine innige Beziehung zu allen Lebewesen, aber auch zu den Elementen, dem Kosmos und zu Gott. Auch die Steine selbst haben an diesen Orten eine starke Kraft. Durch viele Gottesdienste und Gebete gläubiger Menschen sind hier heilige Stätten mit wunderbarer Energie entstanden, die durch unendlich viele Engel immer wieder erneuert und verstärkt wird.

Devane – Wächterin der Bäume

Devane ist die Hüterin (Wächterin) der Bäume. Zu ihrem Aufgabenbereich gehört die Unterstützung der Kommunikation der Menschen mit der Natur, insbesondere mit den Bäumen. Schon in Atlantis hatte sie als Priesterin diese Aufgabe, und sie betreut Bäume aus dem geistigen Bereich. Alle naturverbundenen Menschen können sie jederzeit rufen und sie bitten, sie zu begleiten. (Wie alle hohen geistigen Wesen ist sie an vielen Orten gleichzeitig zugegen.)

Wunder in der Natur

Der Sommer ist bald vorbei, doch das Wetter ist immer noch angenehm warm, und die Bäume haben noch Zeit, sich auf den Winter vorzubereiten. Einige Bäume lassen immer wieder Früchte fallen als Nahrung für die Tiere des Waldes oder auch um neue Samen zu bilden, damit neues Leben entstehen kann. Dieses Wunder geschieht immer wieder und wird von allen Wesen in der Natur immer als etwas Einmaliges wahrgenommen und erlebt. Auch nach Millionen von Jahren ist in der Natur nichts selbstverständlich oder Routine.

Wenn der Herbst kommt, werden die Bäume sich mit einer wundervollen Pracht verabschieden. Es ist ein wahres Fest, dies zu erleben. Dieser krönende Abschied ist ein Dankeschön für alles Gute im vergangenen Sommer. Auch im Frühling geschehen wieder Wunder über Wunder – wie jedes Blatt, das sprießt, jede Blüte, die erblüht und mit ihrem zarten Duft die ganze Natur erfreut. Jedes Ereignis in der Natur ist etwas ganz Besonderes, und so wird es auch empfunden.

Ihr Menschen vergesst dies oft. Viele Sorgen drücken euch, und euer Alltag ist nicht immer einfach, dies ist mir sehr bewusst. Doch verschließt euch nicht vor der wundervollen Natur und den schönen Dingen in eurem Leben. Die Natur zeigt euch, dass es auch anders sein kann. Seid dankbar und glücklich für jede Kleinigkeit, und nehmt nichts als selbstverständlich hin. Zeigt euren Kindern die vielen Wunder, die immer wieder geschehen, und zeigt ihnen den Weg der Freude und Liebe. Manchmal haltet ihr zu sehr fest an eurer Art zu leben und klammert euch an ein Leben voll Kummer und Leid. Euer Herz will lieben und lebendig sein. Es will sich freuen und einfach sein – es stimmt beides: *einfach* sein und einfach *sein*. Verbaut euch nicht gewaltsam diese Chance, und lasst Wunder in eurem Leben zu. Ich weiß, es ist nicht leicht, und der Weg ist nur in kleinen Schritten und mit sehr viel Geduld und Ausdauer zu bewältigen. Doch ich bitte euch sehr anzufangen.

Die Aufgaben der Bäume

Baumgeister begleiten besonders alte Bäume. Diese Bäume sind Heilbäume, und Baumgeister verstärken ihre Heilkräfte. Auch Menschen, die als Heiler arbeiten, werden von Heilengeln und von anderen geistigen Wesen begleitet, deren Energien sie auf kranke Menschen, Tiere oder Pflanzen übertragen.

Alte Bäume wissen genau, welche Energien kranke Bäume oder Menschen brauchen, und sie senden ihnen genau die benötigten Kräfte. Bei menschlichen Heilern ist dies nicht so, doch sie haben ein sehr großes Vertrauen und Zuversicht zu Gott und den Heilengeln. Durch diesen Glauben und ihre große Liebe zu den Menschen können die Engel durch die Heilenden genau und sicher die benötigte Energie in der erforderlichen Stärke übertragen.

Bäume haben auch die Pflicht, Sauerstoff herzustellen. Diese Aufgabe erfüllen alle Bäume, sie können sich nicht entscheiden, ob sie das wollen oder nicht. Nur kranke und beschädigte Bäume werden von dieser Tätigkeit entbunden. Junge Bäume bis zu einem Alter von 200 Jahren haben noch keine spirituellen Aufgaben, zu ihren Pflichten gehört einzig und allein die Produktion von Sauerstoff, und diese Arbeit übernehmen Bäume bis zum Ende ihres Lebens. Gesteuert und geleitet werden diese Tätigkeiten von Gott, dem Allmächtigen, und seinen Engeln. Jeder dieser Engel hat spezielle Aufgaben und unzählige kleinere Engel und Helfer in seinem Dienst.

Aufenthalt im Wald oder in der Natur

Geht immer ganz bewusst und gerne in den Wald oder in die Natur. Fühlt, hört und seht, was um euch herum passiert. Begrüßt die Bäume, alle Tiere, alle Blumen und Sträucher, aber auch alle Naturwesen und

Naturengel. Auch ich freue mich über einen Gruß – und ganz besonders darüber, wenn ihr mich bittet, euch zu begleiten.

Spürt den Frieden und die Leichtigkeit in eurer Seele. Aber auch wenn ihr mit euren Sorgen kommt, seid ihr herzlich willkommen. Öffnet euer Herz der Liebe und der Begegnung mit der Natur und Mutter Erde. Riecht den Duft der Pflanzen, der ein Gruß an euch ist und euch Wohlbefinden schenkt. Haltet einen Moment inne, und atmet ganz bewusst die Energien des Waldes. Geht, wenn ihr wollt, zu einem Baum, begrüßt und spürt ihn. Setzt euch zu ihm, wenn es möglich ist, oder bleibt bei ihm stehen. Spürt seine Nähe und dass ihr willkommen seid. Hört die vielen Geräusche, den Gesang der Vögel und das Rauschen der Blätter. Öffnet auch eure inneren Ohren und lauscht in die Stille, öffnet eure inneren Augen und schaut, was die Natur euch hinter den sichtbaren Dingen zeigt. Lasst geschehen, was geschieht, und seid euch der vielen Wesen im Wald bewusst. Habt Geduld mit euch selbst, lasst euch Zeit und habt keine genaue Vorstellung von dem, was geschehen soll, sondern bleibt wunschlos und stellt keine Bedingungen.

Die kleinen Naturgeister spielen sehr gerne, ihr könnt sie selten sehen, doch sie machen schon mal auf sich aufmerksam. Manchmal knicken sie ein dürres Ästchen oder winken, wenn sich ein einzelnes Blatt besonders kräftig bewegt, obwohl es windstill ist. Durch Scherze oder Spielchen wollen sie auf sich aufmerksam machen und beobachten, wie ihr reagiert. Alle Wesen in der Natur haben viel Humor. Ernsthaftigkeit und Sorgen kennen sie nicht.

Nicht alle Menschen können mit den Bäumen kommunizieren wie mit Menschen, aber jeder kann allen Wesen respektvoll, wohlwollend und mit großer Liebe begegnen. Zu viele Menschen sind gleichgültig, egoistisch und überheblich. Seid dankbar der Natur gegenüber, auch für Kleinigkeiten. Beachtet die kleine Blume am Wegesrand, den angenehmen Windhauch, das Licht-Schatten-Spiel, wenn die Sonne durch die Blätter scheint. Erkennt die Göttlichkeit in allen Lebewesen. Es geht nicht darum, eine neue Religion zu schaffen, ein freundlicher Umgang mit der Natur ist in Verbindung mit allen Weltanschauungen möglich. Gott ist überall, nicht nur in Gottesdiensten oder bei euch Menschen. Ihr müsst euch nicht entscheiden zwischen der Liebe zu Gott oder der Liebe zur Natur. Im Gegenteil: Die Liebe zu Gott schließt die Liebe zur ganzen Schöpfung und zu Mutter Erde mit ein.

Sich Zeit lassen, Ruhe und Gelassenheit bei allem Tun

Ihr Menschen seid immer sehr beschäftigt. Vieles ist notwendig und muss erledigt werden, doch ihr habt euch schon so sehr an Hetze gewöhnt, dass ihr euch keine freie Zeit mehr gönnt. Wir wissen, dass ihr Pflichten habt, doch ihr habt auch Zeiten der Ruhe, in denen ihr euch trotzdem immer weitertreiben lasst. Das ständige Beschäftigtsein ist euch zur Gewohnheit geworden. Nehmt euch die Natur als Beispiel. Sie ist auch da, um euch daran zu erinnern, stehen zu bleiben, sich hinzusetzen, zu schauen, zu riechen und zu fühlen. Ihr könntet einfach den Wolken nachschauen, wie sie langsam weiterziehen, und das Rauschen eines Baches hören. Ihr rennt so oft vorbei, ohne hinzuschauen, dabei kostet das Hinsehen keine Zeit. Ihr seid mit euren Gedanken immer mit etwas anderem beschäftigt, aber diese Gedanken bringen nur Ruhelosigkeit in euer Leben. So gebt ihr eurer Unruhe immer mehr Nahrung.

Seht euch die alten Bäume an, stolz und majestätisch stehen sie da und sind doch so einfach. Die ganze Natur schenkt euch ein Stück Gegenwart, denn nur im Hier und Jetzt könnt ihr sein und leben. Gefühle könnt ihr nur im Jetzt spüren, das Gestern ist vorbei, das Morgen ist noch nicht da. Manches müsst ihr planen, das stimmt, doch ihr könnt nicht immerzu vorsorgen. Wenn ihr arbeitet oder ruht, tut es in der Gegenwart und ohne mit den Gedanken woanders zu sein. Diese Kleinigkeiten bringen Gelassenheit in euer Leben. Menschen, die bewusst in der Natur sind oder meditieren, wissen das.

Schaut euch ein Bild in der Natur an, den Wald, den Himmel, den Vogel, der auf dem Ast sitzt. Seht die Bäume, wenn sie blühen oder sattgrün sind oder das bunte und prächtige Laub im Herbst tragen. Es sieht aus wie hingemalt. Aus diesen Bildern könnt ihr so viel Kraft und Stärke für euer Dasein schöpfen. Bäume sind Vermittler zu Mutter Erde, dem Universum und der Natur und schenken euch durch ihre Gegenwart eine tiefe Verbundenheit mit eurer Seele und mit Gott.

Energien der Bäume

Alle älteren Bäume senden Heilenergien aus für die Region, in der sie stehen. Diese spüren alle Pflanzen, Tiere und sensible Menschen, und alle Wesen, die sich in diesen Gebieten aufhalten, empfangen diese Energien. Spirituelle Menschen, die um diese Kräfte wissen, können gezielt darum bitten, doch jeder profitiert davon, so dass bei einem Aufenthalt im Wald oder in der Natur für jeden ein wahrer Energiecocktail zur Verfügung steht.

Es gibt auch Bäume, die als Heiler arbeiten. Es sind immer alte oder sehr alte Bäume, die starke Heilenergien aussenden. Sie stehen stets mit sehr hohen Engelwesen und einem Baumgeist in Verbindung, die diese Energien übermitteln. Alle Wesen können diese Kräfte auch gezielt anfordern.

Verschiedene Bäume haben aber auch ganz spezielle Energien, die sie in ihre Umgebung senden. Wenn ihr euch auf die Wurzeln der Bäume setzt, bekommt ihr gleichzeitig Energien von Mutter Erde. Über den Baum bekommt ihr auch Energie aus dem Kosmos, und sogar Menschen, die nicht um diese Fähigkeiten der Bäume wissen, können von ihnen profitieren.

Auch Tiere bitten um diese Heilenergien. Bei kleinen Tieren, wie Insekten zum Beispiel, die diese Heilungsmöglichkeit nicht kennen, bitten Tierengel für ihre Schützlinge. Tiere, deren Bewusstsein individuell entwickelt und deren geistiger Weg schon weit fortgeschritten ist, spüren, welche heilenden Energien ihnen fehlen und bitten selbst darum.

Mit der Natur Hand in Hand arbeiten

Viele Menschen sind sehr naturverbunden und arbeiten Hand in Hand mit ihr. Doch noch immer denken sehr viele in erster Linie an ihren persönlichen Gewinn. Erfolg ist nichts Negatives, doch es geht dabei immer um das Wohl der ganzen Schöpfung. Wenn ihr dies bedenkt, stellt sich auch persönliches Wohlergehen und Reichtum ein. Niemand darf seiner Rechte beraubt oder benachteiligt werden, niemandem dürfen Schmerzen zugefügt werden. Kein Gewinn rechtfertigt das Leiden anderer Lebewesen. Die meisten Menschen, die nur an ihren Profit denken, wissen ganz genau, was sie tun. Auch Mutter Erde leidet im Übrigen, wenn sie vernachlässigt und ausgebeutet wird.

Alle Naturwesen, alle Engel und Gott freuen sich über Menschen, die sich für die Natur einsetzen. Wichtig ist die Mithilfe aller Menschen, und alle, die sich bereits auf diesem Weg befinden, dürfen sich nicht davon abbringen lassen. Viele fühlen sich oft alleingelassen auf weiter Flur. Doch ihr seid nicht allein, ihr seid so viele – und eure Zahl wird täglich größer. Ich wünsche mir sehr, dass ihr Kontakt miteinander bekommt. Doch die vielen, die mit dem Herzen mit allen Lebewesen verbunden sind, die auch mit Naturengeln und anderen

Lebewesen sprechen, trauen sich nicht, ihre Wahrnehmungen anderen mitzuteilen.

Förster sind in ein Wirtschaftssystem eingebunden, in dem vor allem finanzielle Gewinne zählen und das für die Natur nicht immer förderlich ist. Doch ich möchte allen Förstern und anderen Arbeitern sagen, dass sie die Bedürfnisse der Natur nicht aus den Augen verlieren dürfen, auch wenn sie wirtschaftlichem Druck ausgesetzt sind. Auf der Seelenebene sind viele Förster mit Naturvölkern verbunden. Diese Völker konnten mit der Natur kommunizieren, sie waren eins mit ihr und verstanden sie. Es waren sehr einfache Menschen, doch sie waren zugleich sehr zivilisiert. Es ist überhaupt nicht notwendig, dass ihr euch die Erde untertan macht. Dieses Wort ist nicht von Gott, sondern von euch Menschen. Ihr sollt mit der Natur eins werden, sie achten und wertschätzen. Sie gibt euch alles, was ihr braucht: Nahrung, Wasser, Luft zum Atmen, und sie ist auch für euren geistigen Weg wichtig.

Es ist die Aufgabe der Pflanzen, Nahrung für Tiere und Menschen zu sein, und sie wollen ihrer Bestimmung nach genutzt werden. Es ist für euch Menschen nicht mehr nötig, Tiere zu töten. Doch wir sehen, dass ihr euch in diese Richtung entwickelt. Der Umbruch ist noch nicht vollzogen und wird noch eine Weile dauern. Ich bin keine Wahrsagerin, und wie alle hohen Wesen in der geistigen Welt mache auch ich keine Vorhersagen. Doch wie es zur Zeit aussieht, wird sich die Entwicklung der Menschen in die neue Zeit nicht mehr aufhalten lassen. Dann wird es auch nicht mehr notwendig sein, Bäume zu fällen. Doch jetzt braucht ihr noch das Holz der Bäume für verschiedene Zwecke, und das wird für eine Weile auch noch so sein.

Jäger übernehmen die Arbeit von Wildtieren, doch ihre Tätigkeit ist zwiespältig. Darüber wurde schon gesprochen.

Ich gab zu bedenken, dass wir nicht so sorglos in den Wald und zu Bäumen gehen könnten, wenn Raubtiere in unseren Wäldern wären.

Raubtiere stellen sich auf die Menschen ein, und sie gehen ihnen aus dem Weg. Es gibt ein uraltes Abkommen zwischen Raubtieren und Menschen. Darin wurde festgelegt, dass sie sich aus dem Weg gehen und keiner dem anderen zu nahe kommt. Und auch dass keiner dem anderen die Lebensgrundlage streitig macht. Viele Menschen haben davon keine Ahnung, und es ist der Mensch, der diese Absprachen gebrochen hat. In vielen Gegenden auf der Erde wurden Raubtiere ausgerottet, in anderen werden sie in ihrem Lebensraum immer mehr eingeengt. Doch das ist gegen das Gesetz der Natur, das ein göttliches Gesetz ist. Menschen und Raubtiere müssen sich respektieren, so ist die Vereinbarung.

Ihr müsst diese wilden Tiere schätzen. Nur Menschen, die sich ständig in der Natur aufhalten oder eng mit diesen Tieren zusammenleben, können zu ihnen eine liebevolle Beziehung aufbauen. Dann sind auch echte Freundschaften zwischen Raubtieren und Menschen möglich.

Vögel – in Verbindung mit den Engeln der Lüfte

Vögel haben eine sehr enge Beziehung zu den Engeln der Lüfte. Sie übernehmen in der Natur in etwa die gleichen Aufgaben wie die Naturgeister. Sie pflegen die Bäume, wie auch die Elfen dies tun. Sie sind bei Bäumen und Sträuchern sehr beliebt und entfernen ungebetene Gäste wie Larven oder Insekten. Alle Wesen in der Natur arbeiten Hand in Hand, und jeder hat seine spezielle Aufgabe, für die er auch verantwortlich ist.

Mit ihrem Gesang erfreuen die Vögel Bäume, Sträucher, andere Tiere und euch Menschen. Sie bringen Lebensfreude, Leichtigkeit und Unbeschwertheit in alle Bereiche. Durch ihre enge Verbundenheit mit den Elementen der Lüfte bringen sie deren Energien in den ätherischen

Bereich der Pflanzen. Der Ätherkörper ist der Bereich des Energiekörpers, der dem physischen Körper am nächsten ist; er ist wichtig für dessen Wohlergehen und Befinden.

Verbindung der Elemente mit den Tieren

Es gibt auch Tiere, die bevorzugt mit bestimmten Elementen in Verbindung sind. Zum Beispiel sind Tiere, die auf der Erde kriechen, wie Schlangen oder Käfer, eher mit dem Reich der Erde verbunden. Zu Menschen haben sie keine Beziehung. Anders die Vögel, die mit Engeln der Lüfte verbunden sind. Sie sind den Menschen eher zugetan. Für Menschen ist die Energie von Mutter Erde dennoch sehr wichtig. Ihr könnt die Energie über die Baumwurzeln oder direkt über eure Füße aufnehmen oder einatmen. Menschen, die einen direkten Zugang zu diesen Energien haben, können sie auch für andere anfordern und aussenden. Diese Kräfte stehen euch auch über die Nahrung, besonders über die Pflanzennahrung, zur Verfügung.

Genauso wichtig ist für euch die Energie des Wassers. Sie wird von mächtigen Engeln der Ozeane über die Meere verströmt. Ihr könnt sie bei einem Aufenthalt am Meer deutlich spüren. Menschen, die sich mit ihnen in Verbindung setzen und ihnen zugetan sind, werden von ihnen unterstützt. Wasser hat eine stark reinigende Wirkung auf alle Bereiche auf der Erde. Viele Wesen arbeiten auf diesem Gebiet, und die Mitarbeit der Menschen ist sehr erwünscht. Ihr reinigt das Wasser auch mit chemischen Mitteln, auch das ist eine Möglichkeit; die Natur selbst braucht manchmal sehr lange für diese reinigenden Prozesse. Doch nicht immer ist der Einsatz chemischer Mittel gut für die Natur. Sie muss dann auch von diesen Stoffen befreit werden. Hier ist besonders die Mitarbeit spiritueller Menschen gefragt. Diese Menschen arbeiten mit Engeln zusammen, und nur gemeinsam ist eine optimale Reinigung erfolgreich.

Schon vor eurer Geburt habt ihr eine starke Verbindung zum Wasser. Es erhält euch lange, bevor ihr geboren werdet. In ihm sind alle notwendigen Stoffe enthalten, die für euer Wachstum in dieser Zeit notwendig sind.

Auch die Energie der Luft ist für euch wichtig. Ihr seht, dass unendlich viele Engel und Wesen für das Leben von fundamentaler Bedeutung sind. Die Luft hat eine starke Beziehung zu euren Gedanken. Achtet auf reine und klare Gedanken, und seid euch stets bewusst, wie mächtig sie sind. In der neuen Zeit werden die Gedanken immer wichtiger werden. Gemeint ist nicht der intellektuelle Verstand, sondern der Verstand des Herzens, eure Intuition. In der vergangenen Zeit war der Glaube sehr wichtig, doch jetzt wird er mehr und mehr durch das Wissen ersetzt. Ihr werdet dann nicht mehr sagen "Ich glaube an Gott, der alles erschaffen hat", sondern "Ich weiß von Gott, der alles erschaffen hat".

Alle Reiche der Natur können in der Ausprägung von Gewalt auch sehr zerstörerisch sein, wie bei schweren Erdbeben, schweren Orkane oder Überschwemmungen. Auch das Feuer ist im physischen Bereich immer zerstörerisch. Es verbrennt und bringt dadurch wieder neues Leben. Waldbrände, Buschfeuer, jedes auch noch so kleine Feuer verbrennt Materie und bringt Wärme und durch die Asche Erneuerung. So ist es auch mit den hohen Engeln, die diesem Element zugeordnet sind. Sie bringen eine grundlegende Erneuerung eures Wesens, wenn ihr bereit seid, euch von Altem und nicht mehr Brauchbarem zu lösen und es verbrennen oder transformieren zu lassen.

Nikla

Nikla ist mein 1994 verstorbener Vater. Kurz nach seinem Tod bat ich ihn über ein Medium um Unterstützung bei einer Krankheit. Er hat mir damals sehr geholfen, trotzdem hatte ich das sichere Gefühl, er wolle seine Ruhe und nicht "gestört" werden. Ich wusste, dass auch verstorbene Seelen auf einem geistigen Entwicklungsweg sind und konnte dies akzeptieren. Etwa zehn Jahre später spürte ich, dass mein Vater mir sehr nahe war. Es ging mir dabei gut, doch es dauerte eine ganze Weile, bis ich wieder versuchte, mit ihm Kontakt aufzunehmen.

Marita, meine Tochter, ich freue mich sehr, dass ich mit dir reden kann. Ich warte schon lange, dass du mich rufst. Wir können erst mit Lebenden in Kontakt treten, wenn sie uns dazu auffordern. Kurz nach meinen Tod war die Zeit für eine dauerhafte Kommunikation nicht so günstig. Ich musste mein Leben noch aufarbeiten und brauchte Ruhe und Abstand für diese Zeit. Obwohl es für uns in unserer Welt keine Zeit mehr gibt und alles Gegenwart ist, war es mein Anliegen an dich, mir diese "Zeit" zu geben. Dies ist für Menschen schwer zu verstehen, und ich kann mich noch daran erinnern, dass Zeit auf der Erde eine wichtige Rolle spielt.

Mir geht es sehr gut, ich habe Verbindung mit Gott, mit meinem Höheren Selbst und vielen Engeln. Ich merke, du bist erstaunt, dass ich von meinem Höheren Selbst spreche. In der Tat, während meines Lebens hatte ich davon keine Ahnung, doch ich habe inzwischen viel gelernt.

Ich freue mich, dass du deinen Weg gefunden hast. Während meines Lebens hatte ich immer schon gespürt, dass du auf einem geistigen Weg bist, und es tut mir leid, dass ich dich nicht mehr unterstützt habe. Über viele Dinge haben wir in meinem Erdenleben nicht gesprochen. Doch ich kann/darf dich jetzt bei deinem Weg begleiten und dir helfen. Diese Bitte habe ich an die geistige Welt gestellt, und der Wunsch wurde mir erfüllt.

Ich habe schon eine höhere spirituelle Stufe erreicht, aber ich bin noch nicht auf der Ebene der Aufgestiegenen Meister. Du weißt, was ich meine. Auf dieser oberen Astralebene ist es möglich, Wünsche zu äußeren für seinen weiteren Weg. So möchte ist dir helfen, aber auch meinen anderen Kindern. Ich liebe alle von Herzen und bin euch allen immer sehr nahe. Ich freue mich, wenn ihr dies spürt und meine Hilfe annehmt.

Meine eigentliche spirituelle Aufgabe ist es, mit der Natur in Verbindung zu bleiben, sie energetisch zu unterstützen und ihr zu helfen. Diese Tätigkeit erfüllt mich sehr, und ich mache sie gerne. Auch du bist der Natur sehr verbunden, und ich bin immer da, wenn du mich rufst. Obwohl dein Weg ein etwas anderer ist und du deine Aufgabe darin siehst, mit Menschen zu arbeiten, ist deine Verbindung zur Natur sehr innig und wird in deinem Leben und bei deiner Arbeit immer eine wichtige und zentrale Rolle spielen. Doch ich freue mich, dass jemand meine Erdenaufgabe, mein geistiges Erbe, weiterführt. Diese Person ist sehr naturverbunden, aber sie ist sich ihrer wirklichen Aufgabe noch nicht bewusst.

In meinem Leben hatte ich mit den Wesen der Natur eine sehr enge Beziehung. Doch dies hatte ich nicht immer deutlich wahrgenommen, und erst nach meinem Tod konnte ich es ganz genau erkennen. Ich hatte in der Natur sehr viele Freundschaften, und die Naturengel redeten auch mit mir. Durch meine jetzige Aufgabe ist meine Verbindung mit den Engeln der Natur und den Bäumen immer noch sehr groß. Du weißt, dass ich in meinem Erdenleben viel im Wald gearbeitet habe und auch dass ich Bäume fällen musste. Dies hat mir immer sehr leid getan, aber es war für unser Leben notwendig. Die Bäume spüren und wissen, warum jemand sie fällt, und sie sind nicht nachtragend. Mit Naturengeln hatte ich in meinem Leben einen engen Kontakt. Bei den kleinen Naturwesen wie Elfen ist es allgemein schwieriger, in Verbindung zu kommen, und es war auch für mich nicht möglich.

Leider haben wir zu meinen Lebzeiten nicht über diese Dinge gesprochen. Doch heute begleite ich dich oft, wenn du im Wald bist. Ich freue mich, wenn du mich rufst und mich bittest, Licht und Energie zu senden, denn es ist mein großer Wunsch, weiter für und in der Natur tätig zu sein. Jetzt arbeite ich sozusagen mit den Naturengeln Hand in Hand. Eine Aufgabe, die mich sehr freut und erfüllt.

Damals bin ich meinen Weg ohne Ausbildung und ohne Anleitung von anderen Menschen gegangen. Sehr viele, die mit Pflanzen, Tieren oder Naturengeln reden, leben sehr zurückgezogen und sprechen kaum über ihre Erfahrungen. Sie haben wenig Verbindung untereinander und trauen sich nicht, ihre Erlebnisse und Erkenntnisse weiterzugeben. Sie glauben, dass man sie nicht versteht, was oft auch der Fall ist.

Ich kann dich sehen und auch die Natur und die Bäume. Dies war in der ersten Zeit nach meinem Tod nicht möglich, und ich musste diese Fähigkeit erst erlernen. Leider kannst du mich nicht sehen, doch wenn du deinen geistigen Weg weitergehst, wird es dir in diesem Leben vielleicht noch möglich sein.

Ich freue mich immer sehr, wenn ich dich im Wald begleiten kann. Wenn wir gemeinsam Licht aussenden, wird es erheblich verstärkt, du kannst das nicht sehen, aber es sieht wunderschön aus und die Wirkung ist sofort spürbar. Dieses Licht ist das universelle Christuslicht, und es gehört zu meinen Aufgaben, dieses Licht und Heilenergien für die Natur auszusenden.

❧ Die Eiche im Park über Nikla ❧

Zu deinem verstorbenen Vater habe ich über dich Verbindung und weiß, wer er ist. Nikla hat in seinem Leben auf der Erde viel in der Natur gearbeitet. Der Natur und allen Lebewesen brachte er große Ehrfurcht und Respekt entgegen, und er hat bei allem, was er auf dem Feld und im Garten gearbeitet hat, stets Gott um Hilfe gebeten. Er bat um Gottes Segen, damit die Natur ihm das Notwendige gibt, was er zum Leben braucht. Aber er betete auch für die Natur selbst, und es war ein großer Wunsch von ihm, dass es allen gut geht.

Ihr wisst, dass wir nachts in der geistigen Welt sind, aber solange wir noch auf der Erde leben, ist es für uns – leider – nicht möglich, mit Seelen wie Nikla in Kontakt zu treten. Nach unserem Tod könnte es vielleicht möglich sein, wenn es beider Wunsch ist. Wir wissen, dass Baumseelen und die Seelen von Menschen nach ihrem Tod in Beziehung bleiben können, wenn beide es so wollen und wenn es ihre weiteren Wege und Aufgaben möglich machen. Nikla war spirituell sehr weit, aber er lebte sehr still und zurückgezogen. Er hatte eine freundliche Beziehung zur Natur und nahm sich nur das, was er brauchte. Auch wenn er Bäume fällte, tat er es nur, weil es notwendig war. Nach seinem Tod war es sein Wunsch, mit der Natur in Verbindung zu bleiben. Wenn ein Mensch eine höhere Stufe erreicht hat, wird er gefragt, welche Aufgabe er übernehmen will. Niemand wird zu einer Tätigkeit gezwungen, und meist wird ihm sein Wunsch erfüllt.

Ich bin meinem Vater für seine Unterstützung sehr dankbar. Wenn ich ihn bitte, Bäumen Energie zu senden, freuen sie sich darüber. Natürlich sende auch ich Energie oder bitte andere Wesen, es zu tun. Diese Kraft ist immer etwas unterschiedlich, und jedes Lebewesen braucht ganz verschiedene Formen von Energie.

Es gibt viele verstorbene Seelen, die wie Nikla für die Natur arbeiten. Seine Tätigkeit ist eine wichtige Arbeit, doch ich möchte nicht den Eindruck erwecken, dass er eine Ausnahme ist. Durch diese Informationen über ihn möchte ich vielmehr auf viele Seelen aufmerksam machen, die ähnliche oder andere wertvolle Aufgaben übernehmen. Sie haben Tätigkeiten, die sie gerne und mit sehr viel Liebe ausführen. Viele setzen sich für den Frieden ein, "arbeiten" für Kranke oder unterstützen Kinder und so weiter.

Heilenergien der Bäume

Jeder Baum verströmt seine eigene Heilenergie. Diese Energie variiert stark je nach Jahres- oder Tageszeit und ist auch in den verschiedenen Wachstumsphasen im Jahresverlauf immer wieder anders. Alte Heilbäume wissen, welche Kraft der Mensch, der zu ihnen kommt, benötigt, und so ändert sich die Energie nach Bedarf, und es ist nicht immer unbedingt notwendig, eine bestimmte Baumart aufzusuchen. Dazu kommt die Möglichkeit, über die Baumwurzeln Energie von Mutter Erde aufzunehmen beziehungsweise über die Baumkrone und den Stamm des Baumes starke Kräfte aus dem Universum. Man kann also sicher sein, dass immer die "richtigen" Energien gesendet werden. Viele Bäume haben eine bestimmte Grundenergie, doch es gibt daneben immer auch andere Energien, die der Baum sendet.

Bäume verbreiten ihre Energien in einem weiten Umfeld, und bei sehr alten Heilbäumen sind es oft viele Kilometer. Alle Lebewesen, die sich in diesem Bereich aufhalten, profitieren von diesen Kräften. Sie können aber auch direkt zu einem Baum gehen und um Energie bitten. Setzen Sie sich zu ihm, oder lehnen Sie sich an seinen Stamm. Atmen Sie seine Kraft ganz bewusst ein, oder nehmen Sie seine Energie über die Wirbelsäule oder Ihre Hände auf. Sie verteilt sich dann in Ihrem Körper und Ihrem Energiefeld. Diese Energie ist "intelligent" und findet genau den Platz, an dem sie benötigt wird. Trotzdem können Sie die Kraft auch bewusst in einen bestimmten Bereich Ihres Körpers senden.

So wie Sie von den Bäumen Stärke und Kraft aufnehmen, können Sie ihnen auch Energie senden. Es geschieht immer das, was Sie denken. Der Baum und die ganze Natur bekommen jedoch immer auch Energie von Ihnen, die sie einfach fließen lassen oder bewusst lenken können. Sie können aber auch für die Natur beten oder einen Engel bitten, Energie zu senden. Gott und seine Engel werden diese Bitte erfüllen und sich kümmern. Es gibt viele Möglichkeiten, mit geistigen Kräften zu arbeiten. Spüren Sie, was für Sie stimmt und Ihnen Freude macht, es gibt kein Richtig oder Falsch.

Die Energien der Bäume sind nicht immer gleich. Jeder Baum und jede Pflanze hat seine beziehungsweise ihre eigene Grundenergie, doch es gibt immer zusätzliche Kräfte, die situationsabhängig verströmt werden. Besonders Heilkundige, die mit diesen Energien arbeiten, können von Naturengeln oder den Pflanzen viele Hinweise zum Gebrauch dieser Energien erhalten.

Nussbäume, auch Tulpenbäume

Besonders stark sind ihre Energien in der Zeit der Blüte, aber auch in der Reifephase der Früchte. Nussbäume können sehr alt werden und geben ihre Kräfte auch über die Früchte weiter. Ihre Energie hält selbst in harten Zeiten aufrecht, ohne dass wir hart werden oder zusammenbrechen. Ihre Kräfte stärken nicht nur den Körper, sondern auch die Seele.

Buchen

Schon in jungen Jahren streben sie hoch hinaus. Sie sind stolz auf ihre Größe, groß und mächtig und zeigen das auch gerne. Damit wollen sie uns sagen, dass auch wir zu unserer Größe stehen sollen, denn es bleibt dunkel, wenn wir unser Licht unter den Scheffel stellen ... Wenn sie alt werden, müssen sie fest verwurzelt sein. Mutter Erde gibt ihnen Kraft und Heimat, und diese Kräfte schenken sie uns und stärken unser Selbstbewusstsein. Ihre Kräfte vermitteln ein starkes Verwurzeltsein, den Mut, sich zu trauen, hoch hinauszuwachsen und sein Licht leuchten zu lassen. Sie lassen uns die eigene Größe erkennen und helfen dabei, auch die Größe der anderen zu akzeptieren und ihr Licht zu schätzen.

Eichen

Sie schenken Ruhe und Gelassenheit, besonders im Herbst. Insgesamt senden sie mit ihrer Energie Kraft und Stärke für Körper und Seele, aber auch Lebendigkeit und die Kraft durchzuhalten. Besonders im Herbst stärkt ihre Energie unser Immunsystem.

Linden

Linden schenken einen tiefen inneren Frieden, der Heilung für unsere Seele bringt. Es ist der Frieden, den auch Mutter Maria gibt, wenn wir darum bitten. An vielen Kapellen oder Kirchen, die Maria geweiht sind, stehen Lindenbäume, die diese Heilenergien noch verstärken. Dieser Friede wird geschenkt, ohne kämpfen zu müssen. Auch am Ende des physischen Lebens hilft er, Frieden zu finden mit sich selbst, mit Gott und seinem Leben. Er schenkt die Gnade loszulassen. Die Energie der Linde ist insgesamt sehr zart und doch unendlich stark und kraftvoll. Diese zarte Kraft der Liebe schätzen auch Verliebte.

Hasel, frühblühende Weiden

Sie sind die ersten blühenden Sträucher oder Bäume. Während der Blütezeit verströmen sie eine wärmende Energie, die das Immunsystem von Tieren und Menschen gegen Erkältungen stärkt. Sie verbreiten Freude und eine wohltuende Lebendigkeit.

Weiden

Die Weiden stehen oft am Wasser und haben eine starke Beziehung zu unseren Gefühlen. Sie schenken die Kraft, mit unseren Emotionen offen und ehrlich umgehen und von Schuldzuweisungen gegen andere oder sich selbst absehen zu können. Wenn man resigniert hat, weil der Schmerz zu groß, das Schicksal zu hart ist, helfen sie mit ihren Energien. Sie stärken unsere Bereitschaft, wieder am Leben teilzunehmen und Verantwortung zu übernehmen.

Olivenbäume

Olivenbäume haben eine besonders starke Lebenskraft. Sie kräftigt ganz besonders unsere Körperzellen und stärkt sie für ein hohes Lebensalter. Diese Energie ist auch im Olivenöl sehr deutlich spürbar – es muss allerdings natürlich und ohne chemische Zusätze hergestellt werden, so bleiben die Kräfte der Oliven und des Olivenbaumes noch für eine lange Zeit konserviert. Sie schenken Stärke für ein langes Leben und die Kraft, immer wieder neu anzufangen.

Tannen und Fichten

Sie sind sehr mystische Bäume und verströmen eine Energie, die uns auf unserem spirituellen Weg unterstützt. Diese Energie bekommen sie von großen Heiligen und Religionsführern, die sie nach ihrem physischen Tod über die Tannen aussenden. Ihre Energie schenkt eine tiefe Ruhe und Stille, die für geistige Arbeit und in der Meditation wichtig sind. In der Stille der Meditation erkennen wir unser wahres Selbst, unsere Stärke und Weisheit.

Ahorn

Er hilft, Wunden zu heilen, besonders bei seelischen Verletzungen. Daneben schenkt er Vertrauen in das Leben und hilft, zu verzeihen sowie auf der Sonnenseite des Lebens zu bleiben. Er stärkt den Mut, zu unseren Gefühlen zu stehen und offen und mitfühlend auf unsere Mitmenschen zuzugehen.

Obstbäume

Sie schenken ihre Energie vor allem durch ihre Früchte. Die stärkste energetische Wirkung haben diese, wenn wir sie direkt vom Baum oder Strauch, auf jeden Fall aber frisch verzehren. Die

Haltbarkeit der Energie ist bei den Obstarten verschieden, so speichern Kirschen ihre Energie nur wenige Stunden, Äpfel mehrere Wochen oder gar Monate.

Eschen

Eschen helfen dabei, geradlinig seinen Weg zu gehen oder auch auf diesen zurückzufinden.

Einführung in die Reiche der Elemente

Die meisten Menschen haben keine Beziehung zu den Naturwesen. Doch für eine friedliche Zukunft auf der Erde ist es sehr wichtig, dass wir uns diesen Reichen annähern. Menschen nehmen mehr oder weniger die Annehmlichkeiten und Dinge, die wir aus der Natur zum Leben und Überleben brauchen, als selbstverständlich hin und vergessen dabei, Anerkennung und Dankbarkeit dafür zu zeigen. Viele freuen sich über die Schönheiten der Natur, doch diese Rührseligkeit ist oft kein wirkliches Interesse. Ein sensibler Mensch zeigt echte Anteilnahme und Freude und begegnet der Natur und allen Wesen in ihr mit Wohlwollen und Ehrfurcht.

Als spirituelle Menschen sind wir ganz besonders auf die Fürsorge und Hilfe der Naturengel angewiesen. Sie leiten und unterstützen uns auf unserem geistigen Weg, und wir können sie jederzeit um Hilfe anrufen. Sie sind sofort bereit, ihre Dienste zu verrichten und uns zu helfen. Wer diesen Naturreichen näherkommen will, muss ein reines und liebendes Herz haben. Er muss seine Mitmenschen lieben und schätzen, erst dann kann er auch mit Anerkennung und Achtung den Engeln der Natur begegnen und mit ihnen in Verbindung treten.

Um mit Engeln in Kontakt zu treten, müssen wir frei sein von leidenschaftlichen Gefühlen und ihre jeweiligen Qualitäten fördern. Das bedeutet, um mit den Engeln der Liebe in Verbindung zu kommen, müssen wir uns für die Liebe öffnen und bereit sein, sie weiterzuentwickeln. Ein Gleiches gilt für die Engel der Freude, des Friedens, der Gnade und für alle anderen Engel. Die Energien aller Engel und auch die der Engel der Natur sind sehr rein und feinstofflich, und starke Emotionen, Kummer, Sorgen, Ängste, Aggressivität und Leid verhindern, dass sie mit uns in Beziehung treten können. Bei den Seelenqualitäten der Engel handelt es sich jedoch nicht um Eigenschaften, sondern um Energien. Wir Menschen trennen dies nicht so genau. In diesem Sinne ist ein liebender Mensch jemand, der unendliche Liebe verströmt, ohne zu urteilen und ohne zu fragen. Wahre Liebe ist nicht auf Gegenliebe angewiesen und stellt keine Forderungen. Natürlich können wir auch bei Leid oder Ängsten Gott und seine Engel um Hilfe bitten, nur ein direkter Kontakt ist dann nicht möglich.

Zu allen Naturreichen gehören Naturgeister, wie Elementare und Elfen, die unter der Leitung der Engel der Natur zu höheren Wesen aufsteigen. Über höhere Naturwesen geht ihre Entwicklung zu Devas, die schon zu den Engeln gehören, zu immer höheren Engelwesen. Die Naturgeister sind erschaffen von den Engeln, die ihnen auch wieder die Chance zum Aufstieg ermöglichen.

Elementale

Elementale gehören nicht zu den Naturreichen. Sie entstehen durch unsere Gedanken. Weil sie in unserem Leben und unserem Umfeld eine nicht unbedeutende Rolle spielen, sind sie hier erwähnt. Schon den Wüstenvätern in frühchristlicher Zeit waren sie bekannt, und sie wussten um deren Einfluss auf uns Menschen, aber auch um den auf die Naturwesen.

Unsere destruktiven Gedanken erschaffen diese Lebensformen, die winzig klein und doch sehr boshaft und sehr anhänglich sind. Sie haften sich an unsere Seele und bestärken uns, unsere Negativität zu festigen. Dadurch erscheinen immer weitere Elementale – und ein unerfreulicher Kreislauf entsteht. Einige leben nur kurze Augenblicke, doch wenn unsere negativen Gedanken andauern, können sie uns ein Leben lang begleiten. Sie lassen sich nicht vernichten. Durch positive Gedanken, Herzensgebete, Meditationen oder eine freundliche und dankbare Lebenseinstellung entzieht man ihnen jedoch die Energien, die sie brauchen. In einer lichtvollen Umgebung können sie nicht existieren.

Diese Elementale stören sehr spürbar die Arbeit aller Naturelementare. Normalerweise sorgen die Elementare für eine überaus liebenswerte und freundliche Atmosphäre in unseren Lebensbereichen, doch dieser Aufgabe können sie in Gegenwart arglistiger Elementale nicht nachkommen. Nicht immer wird korrekt zwischen Elementalen und Elementaren unterschieden, das heißt, meist werden Elementale auch Elementare genannt. Elementare sind die kleinsten Wesen aller Elementarreiche und sind immerwährend bereit, zu dienen und ihre Aufgaben mit großer Hingabe zu erfüllen. Ihre speziellen Arbeiten sind in den unten beschriebenen Naturreichen genauer erklärt. Für alle gilt, dass sie von Natur aus stets bestrebt sind, dass sich alle Wesen auf der Erde wohlfühlen und sich ihrer Bestimmung gemäß entwickeln können.

❧ Das Erdreich ❧

Dieses Reich ist uns Menschen am nächsten und uns sehr vertraut. Zu ihm gehören auch Elfen und Gnome, die in unseren Volksmärchen beschrieben sind – und diese Erzählungen kommen der Wahrheit sehr nahe, wenn sie in unserer rationalen Welt auch oft als Fantasie abgetan werden. Die Elemente des Erdreichs kümmern sich mit großer Sorgfalt um das Wachstum aller Lebewesen auf der Erde.

Hierarchie der Wesen des Erdreichs

Elementare

Sie gehören zur untersten Stufe der Erdgeister und kümmern sich zeitweise um den ätherischen Bereich der Pflanzen, ihr Aufgabenbereich liegt jedoch meist in der Erde. Hier kümmern sie sich um die Wurzeln der Pflanzen und entsorgen mit Unterstützung von Mikroorganismen und Pilzen abgestorbene Wurzelbereiche. Im Sinne eines göttlichen Planes sind sie immerzu bereit, zu dienen und treu und mit großer Begeisterung ihre Aufgaben zu erfüllen. Uns Menschen gegenüber sind sie sehr scheu und wenden sich ab, wenn wir selbstsüchtig und achtlos der Natur gegenüber sind.

Frakins, Elfen, Gnome

Frakins werden im Volksmund oft Blumenelfen genannt, denn sie betreuen Blumen, kümmern sich um ihren ätherischen Bereich und versorgen ihn mit Energie. Sie unterstützen die Blumen mit sehr viel Freude und Liebe bei ihrem Wachstum, bei der Blüte und Bestäubung.

Die größeren Elfen sorgen für die Sträucher und Bäume, sie haben ähnliche Aufgaben wie die kleinen Blumenelfen. Gnome sind höher entwickelt als Elfen und auch größer als sie. Sie kümmern sich um das Erdreich, um Felsen, Steine, Edelsteine und Höhlen.

Menschen gegenüber sind diese herzlichen Wesen sehr scheu, und sie können egoistische Menschen nicht verstehen. Leidenschaftliche Gefühle, Respektlosigkeit, Unachtsamkeit und Undankbarkeit sind ihnen fremd, und sie wenden sich von Menschen ab, die diese Eigenschaften zeigen. Stets sind sie bereit zu dienen, und sie sind voller Lebendigkeit und Frohsinn.

Devas des Erdreichs

Devas gehören zu den Engeln, sie betreuen, vergleichbar mit unseren Schutzengeln, Bäume und Sträucher auf ihrem spirituellen Weg.

Engel des Erdreichs

Sie haben vielfältige Aufgaben in der Natur: Sie kümmern sich um Bäume und Pflanzen, überwachen die Aufgaben der kleineren Naturgeister und leiten sie auf ihrem geistigen Weg. Höhere Engel betreuen jeweils größere Gebiete, Bergregionen und Kontinente. Zu ihnen gehören auch die mächtigen Engel der Berge.

Diese hohen Naturengel arbeiten als große spirituelle Meister und Initiatoren, sowohl für alle Wesen in der Natur als auch für uns Menschen. Sie dienen vor allem spirituellen Menschen nach einem weisen und göttlichen Plan.

᷀ᴥ Das Luftreich ᷀ᴥ

Ein großer Aufgabenbereich des Luftreichs ist das Wetter, es wird von Luftströmungen bestimmt, die sehr sanft, fröhlich beschwingt – aber auch gefährlich werden können. Die Engel der Lüfte sind für diese Bedingungen zuständig, sie sorgen aber auch für die Luft, die Menschen und Tiere so dringend zum Atmen brauchen. Viele Wesen und auch die Bäume sorgen für reine Luft, und sie alle werden von den Engeln der Lüfte angeleitet und überwacht. Sie alle wirken zudem mit an einem wohldurchdachten göttlichen Plan – was im Übrigen für alle Elementarreiche gilt. Die Engel der Lüfte sind auch für die Übertragung von Klängen und Tönen verantwortlich; hier arbeiten sie gemeinsam mit Engeln der Musik und Sprache.

In der Natur können wir jederzeit die Engel der Lüfte rufen und ganz bewusst vitalisierte, reine Luft atmen, die unseren Körper durchströmt, ihn mit Sauerstoff versorgt und Klarheit und Ruhe in unser Bewusstsein bringt. In dieser Klarheit können wir unsere vielen Gedanken wahrnehmen, denn viele unserer Überlegungen sind uns gar nicht bewusst, trotzdem sind wir gerade auch für sie verantwortlich – und nur bewusst gemachte negative Gedanken können wir durch positive ersetzen. Viele Menschen haben keine Ahnung, wie mächtig ein Gedanke ist, im Positiven wie auch im Negativen.

Hierarchie der Wesen des Luftreichs

Erbauer

Sie sind die Elementare des Luftreiches, wunderschöne kleine Wesen, die sich mit großer Freude um die Verteilung von Sauerstoff und anderer Substanzen in der Luft kümmern.

Zephyre

Sie beeinflussen die feinen Luftströme in kleineren Gebieten. Spielerisch und voller Frohsinn treiben sie auf ihnen auf und ab und vitalisieren sie.

Sylphen

Sie sind größer und reifer als Zephyre und haben sich eine höhere spirituelle Stufe erarbeitet. Ihre Aufgaben sind ähnlich und ihre Intelligenz ist vergleichbar mit der von uns Menschen.

Engel des Luftreiches

Zu ihnen gehören mehrere Engel und auch sehr hohe Wesen, die für verschiedene Bereiche verantwortlich sind: für aufkommende Winde, für den Wetterwechsel sowie für Stürme und Orkane, wenn die kosmischen Bedingungen günstig sind.

Die Wetterengel, die auch zu den Engeln des Luftreiches gehören, sind uns Menschen nicht immer wohlgesonnen. Sie erwarten von uns Zurückhaltung, Bescheidenheit, Wertschätzung und Dankbarkeit: Eigenschaften, die wir nicht mehr pflegen und schätzen. Sie verstehen Menschen nicht, die unzufrieden und respektlos der Natur gegenüber sind, und sie sind erzürnt über die maßlose Zerstörung der Erde. Sie verstehen nicht, dass wir respektlos mit unseren Mitmenschen, mit Tieren und Pflanzen umgehen und dass wir unseren Verstand und unsere Weisheit nicht zum Wohle aller einsetzen. Doch wir können unsere Gebete an sie richten. Besonders Menschen, die eine große Liebe zur Natur, zu allen Wesen und auch zu Gott entwickelt haben, können sich mit ihnen verbinden und sie um Unterstützung bitten.

Die Engel des Luftreiches aktivieren Teile unseres Bewusstseins, die uns auf einer tiefen Ebene mit Gott verbinden. Doch wir müssen uns das Entgegenkommen dieser Engel verdienen durch Liebe, Geduld und Ausdauer.

❧ Das Reich des Wassers ❧

Wasser ist lebenswichtig für alle Geschöpfe auf der Erde, für unsere physischen Körper sowie für alles Leben, und unsere Emotionen haben eine tiefe Beziehung zu dem Element Wasser. Wenn wir uns den Wesen und besonders den Engeln dieses Reiches nähern, müssen wir sehr auf unsere Gefühle achten, denn aggressive und impulsive Emotionen schrecken sie ab. Trotzdem können wir auch bei negativen oder aggressiven Gefühlen die Engel des Wasserreiches um reinigende Energien bitten. Wasser hat in jedem Bereich eine reinigende Wirkung, sowohl auf unsere physischen als auch auf die energetischen Körper, ganz besonders aber auf unseren Emotionalkörper.

Hierarchie der Wesen des Wasserreichs

Elementare des Wassers

Sie reinigen die Wassertröpfchen und sind stets fröhlich, gut gelaunt und spielerisch bei ihren Tätigkeiten. Sie erschaffen auch die wunderschönen Kristalle in jedem Wassertropfen, wenn die Energien liebevoll und wohlgefällig sind. Schöne Musik oder Düfte, positive Gedanken und Gefühle sowie wunderbare Farben inspirieren diese Elementare, die kleinen Wassertropfen zu reinigen, zu vitalisieren und diese vollkommenen Kristallformen zu bilden. Viele dieser Wesen kümmern sich auch um Wasserströmungen auf und unter der Erde und um unterirdische Seen.

Nymphen

Sie sind verantwortlich für die Strömungen des Wassers an seiner Oberfläche.

Najaden

Sie sind höher entwickelt als die Nymphen und befinden sich auf der Stufe eines Wasserdevas. Sie haben vielfältige Aufgaben und lenken die Flüsse und Seen ihrer Bestimmung gemäß.

Engel des Wasserreiches

Zu ihnen gehören die vielen Engel der Seen, der Meere und Ozeane. Sie reinigen die Gewässer und spenden auch uns diese reinigende Wirkung für unseren Körper und unsere Seele. Wie alle Engel wollen sie um Unterstützung gebeten werden, und dies können wir immer tun, wenn wir ein Glas klares Wasser trinken, uns duschen oder ein Bad nehmen, egal ob in einem See, in einem Meer oder in der Badewanne. Die Eigenschaften des Wassers sind in allen Bereichen ein großer Segen für uns.

❈ Das Feuerreich ❈

Die zerstörerische Energie des Feuers ist immer spürbar. Alle Elemente können, wenn sie zu mächtig werden, Zerstörung bringen, doch das Feuer verbrennt und zerstört in jedem Fall, und durch die Asche entsteht wieder neues Leben.

Dieses Reich ist uns Menschen am wenigsten bewusst, doch zu unserem spirituellen Wachstum hat es eine besonders enge Beziehung. Das Feuer ist die Quelle des Lichtes, sowohl im physischen als auch im geistigen Bereich. Die Suche nach Gott wird oft als ein Brennen im Herzen empfunden, und mithilfe der Engel des Feuerreiches entzündet sich in unseren Herzen die göttliche Flamme der Liebe.

Die Hierarchie der Wesen des Feuerreichs

Feuerelementare
Menschen sind ihnen fast gleichgültig, und sie kümmern sich kaum um uns. Trotzdem sind sie allgegenwärtig. Bei jedem Feuerfunken oder bei jedem Anzünden einer Kerze sind sie sofort zur Stelle und überwachen dieses Geschehen.

Salamander

Sie sind bei allen Flammen und Feuern anwesend, besonders auch bei großen Feuersbrünsten mit zerstörerischer Wirkung.

Amfri

Sie sind die kleinsten Feuerengel (Feuerdevas). Auf uns Menschen werden sie erst aufmerksam, wenn wir auf einem spirituellen Wachstumsweg sind. Sie sind Wesen reinster Liebe und sorgen für vollkommene Beziehungen der Schönheit, Liebe und Verehrung. Sie transformieren unsere inneren Seelenbereiche und erhalten die göttliche Flamme in unseren Herzen. Durch ihre Unterstützung können wir uns von vergangenen Verstrickungen lösen und werden frei für eine lichtvolle Zukunft. Sie warten ganz besonders auf unsere Bitten, uns dienen zu dürfen. Ihre Liebe ist rein, zart und voller Güte, und sie fördern diese Zuneigung und Wärme auch in uns.

Engel des Feuerreiches

Die höchsten Engel des Feuerreiches sind die Engel des solaren Logos. Im Dienst dieser Engel stehen die Engel der Abendsonne und Morgensonne, aber auch die Engel Christi, die Engel des Lichtes, die Engel der Weihnachtszeit und viele andere. Sie alle spenden ihr Licht und ihre Kraft in den für sie zuständigen Bereichen, vor allem auch für uns Menschen. Erst wenn wir erwacht sind und uns auf unserem spirituellen Pfad weiterentwickeln, werden sie auf uns aufmerksam und sind mit unendlicher Liebe bereit, uns zu dienen und zu führen.

Verbindung mit der Natur aufnehmen

Wenn Sie in den Wald oder in die Natur gehen, nehmen Sie Kontakt mit allen Wesen auf, verbinden sich bewusst mit den Baumseelen, den Devas, den Engeln der Natur und den Naturgeistern und grüßen sie alle. Spüren Sie, dass man Ihren Gruß erwidert – und spüren Sie die Liebe und die Zuneigung, die man Ihnen entgegenbringt.

Wenn Sie das erste Mal zu einem Baum gehen wollen, lassen Sie sich Zeit. Suchen Sie sich einen Baum an einem ruhigen Platz. Spüren Sie seine Energie, bevor Sie sich ihm nähern, und fühlen Sie, dass Sie willkommen sind. Wenn Sie möchten, spüren Sie die Aura des Baumes mit den Händen. Gehen Sie mit offenen Händen schrittweise auf den Baum zu, vielleicht können Sie spüren, wie sich seine Energie verändert, wenn Sie ihm näher kommen.

Wenn Sie dem Baum nahe sind, berühren Sie ihn mit den Händen und begrüßen ihn nochmals. Dann tun Sie, was Sie gerne tun wollen: Umarmen Sie den Baum, lehnen Sie sich mit dem Rücken an ihn, setzen Sie sich zu ihm oder nehmen Sie Kontakt mit seinen Wurzeln auf. Hören Sie auf Ihre innere Stimme. Vielleicht spüren Sie, wie die Energie von Ihnen zu dem Baum und zurück fließt. Sie können mit dem Atem, mit den Händen oder mit Ihrem Körper Energie aufnehmen oder aussenden.

Bäume sind unkomplizierte Wesen, Sie müssen sich nicht an bestimmte Regeln oder Rituale halten. Machen Sie das, was Ihnen Freude bereitet. Bei Menschen haben Sie schließlich auch ganz verschiedene Begrüßungsarten, je nachdem ob Sie Freunden oder noch Fremden begegnen. Wenn ein Baum, der Ihnen gefällt, auf einem belebten Platz steht, können Sie ihn auch unauffällig begrüßen. Der Baum versteht das.

Sie müssen den Baum nicht unbedingt verstehen. Er freut sich sehr, wenn Sie sich einfach zu ihm setzen oder bei ihm stehen bleiben. Wenn Sie nicht alleine sind, können Sie sich gerne mit Ihrem Partner unterhalten, und bei ruhigen Gesprächen hört der Baum Ihnen gerne zu. Er freut sich aber auch, wenn Sie einfach schweigend bei ihm sitzen bleiben.

Wenn Sie einen Baum auch verstehen wollen, lassen Sie sich Zeit. Viel Zeit. Vielleicht dauert es eine Weile, bis er zu Ihnen spricht, vielleicht haben Sie aber schon viel "vorgearbeitet" und es klappt auf Anhieb. Oder Ihre – spirituellen – Fähigkeiten liegen ganz woanders, und Sie möchten in der Natur sein, weil es Ihnen hier gefällt. Nehmen Sie einfach Energie auf – und seien Sie dankbar dafür. Begegnen Sie allem und allen mit Wohlwollen und mit von Herzen kommender Freundlichkeit.

Wenn Sie im Garten oder sonst wo mit Pflanzen arbeiten, bitten Sie Elementare, Elfen und Naturengel um ihre Mithilfe, danken Sie ihnen und freuen Sie sich über den Dienst dieser Wesen. Beten Sie für die Pflanzen, und danken Sie auch Gott.

Wenn Sie Pflanzenteile abschneiden müssen, sagen Sie den Pflanzen vorher, welche Teile Sie entfernen wollen, sie ziehen dann ihre Energie aus diesen Bereichen zurück. Dieser Vorgang ist für die Pflanzen sehr hilfreich. Wenn Sie einen Baum fällen müssen, tun Sie es wenn möglich außerhalb der Vegetationszeit. Die Seele des Baumes kommt dann aus der Winterruhe zu dem Baum, um sich zu verabschieden. Bedanken Sie sich bei ihr, und sagen Sie dem Baum, dass Sie ihn fällen müssen. Er zieht dann seine Lebensenergie aus dem Baum. Dies ist für ihn angenehm und sein Sterben sanfter.

Wenn Sie Bäumen, Pflanzen, Tieren oder auch Menschen Licht oder Heilenergien senden möchten, können Sie dies jederzeit und überall tun. Genauso können Sie auch Engel bitten, dies zu tun. Jedes Wesen freut sich darüber. Senden Sie das Licht bedingungs- und absichtslos aus, das heißt, senden Sie einfach Licht – ohne die Bitte oder den Wunsch, dass jemand gesund wird oder dass es ihm gut geht. Handeln Sie absichtslos – so wie die Sonne einfach ihr Licht scheinen lässt für unser Planetensystem ...

Nachwort

Immer mehr Menschen begreifen und verstehen, dass der Mensch in Einheit mit der Natur leben muss, weil auch er Natur ist. Alle Wesen auf der Erde haben einen gemeinsamen Weg auf dieser Erde und haben - vor langer Zeit - beschlossen, sich auf diesem Weg zu unterstützen. Wenn auch die Aufgaben oft verschieden sind, so ist doch jeder von jedem abhängig beziehungsweise jeder auf jeden angewiesen. Dieser Weg soll für alle ein Weg der Liebe, der Freude und des Mitgefühls sein. Jeder hat seinen Platz, seine Bestimmung und seine Berechtigung, und alles wird geleitet von dem Schöpfer der Welt und seinen unzähligen Helfern, die im Dienste Gottes stehen.

Gott hat uns einen freien Willen gegeben, den wir allzu oft ausnutzen und dadurch andere und uns selbst schädigen. Durch die Massentierhaltung erfahren unsere Mitgeschöpfe, die Tiere, unbeschreiblich großes Leid. Wenn Profit an erster Stelle steht, dann ist dies in letzter Konsequenz auch zum Nachteil von uns Menschen. Auch die Schäden, die wir der Erde zufügen, sind offensichtlich, und viele Menschen erkennen dies. Ein Umdenken ist dringend nötig, doch viele zerstören und schädigen immer noch unsere Umwelt. Immer wenn es ausschließlich um Profit geht, sind wir nicht im Einklang mit den Gesetzen der Natur, mit den göttlichen Gesetzen. Unser freier Wille ist kein Freibrief, alles tun zu können, ohne dafür die Verantwortung zu übernehmen.

"Die Erde wehrt sich", dies hören wir so oft, wenn Umweltkatastrophen geschehen. Und dies stimmt auch. Doch die Elemente wollen uns nicht strafen, sie wollen mit uns in Kontakt treten. Sie möchten, dass wir auf sie hören, und sie wollen, dass alle Wesen in Einheit und Liebe mit der Natur leben. So wird auch unser Leben angenehmer und voller Freude sein. Es ist Gottes Wille, dass es allen gut geht, denn wir alle sind von Vater-Mutter-Gott erschaffen.

Die Erde soll ein guter und wertvoller Platz für alle Wesen sein – doch wir müssen damit einverstanden sein und dafür Sorge tragen, dass es ein wundervoller und friedlicher Ort für alle sein wird.

Segensworte von Sanat Kumara

Ich grüße euch, meine Freunde im Licht, und sende euch den Segen des opalfarbenen Strahles. Spürt meine Liebe und meinen Frieden.

Seid euch bewusst, dass ihr auf dem Weg in eine neue Zeit, eine Zeit des Friedens und liebevollen Miteinanders auf Erden seid. Wir alle in der geistigen Welt, die wir mit unendlicher Liebe mit euch verbunden sind, begleiten euch auf diesem Pfad. Doch das Schicksal der Erde liegt in der Hand von euch Menschen, und ihr müsst euch für diesen Weg entscheiden.

Erkennt die Göttlichkeit – die leuchtende Flamme – in eurem Herzen. Dann könnt ihr auch erkennen, dass alle Lebewesen spirituelle Geschöpfe sind. Ihr seid alle auf einem geistigen Weg, und diesen Weg könnt ihr nur gemeinsam gehen. So ist es bestimmt, und deswegen habt ihr euer Leben auf dieser Erde

gewählt. Erkennt, wer ihr wirklich seid – von Gott erschaffene
Lichtwesen –, und lasst euer Licht strahlen auf der ganzen Erde.
So kann es wieder hell und licht werden.

Die ganze Natur wartet auf euer Verständnis und dass ihr der
Erde in Liebe begegnet. Groß sind die Wunden, die euer Verhalten
in der Vergangenheit verursacht hat, vor allem bei den Tieren. Es
wird einige Zeit dauern, bis das Vertrauen wiederhergestellt ist.
Doch die Liebe heilt alle Wunden, und alle arbeiten gemeinsam
an diesem Ziel.

Ihr habt euch von der Natur getrennt – und dadurch auch von
Gott. Öffnet eure liebenden Herzen, isoliert euch nicht weiter
und werdet wieder eins mit der Schöpfung. Erst dann könnt ihr
auch eins werden mit Gott, der ewigen, nie versiegenden Quelle
der Liebe.

Die Schöpfung ist so wunderbar gestaltet und wohldurchdacht,
und die ganze Natur ist nach Gottes Ebenbild geschaffen.

Alle Lebewesen bringen euch so viel Liebe entgegen und sind
bereit, mit euch zusammen in Einheit zu leben.

Seht, mit welcher Liebe Tierkinder von ihren liebenden Müttern
großgezogen werden. Ihr nennt es Instinkte, doch es ist wirkliche
Zuneigung. Ermöglicht es euren Mitgeschöpfen, ein Leben in
Freiheit und Freude zu führen. Gott will Frieden für alle seine Ge-
schöpfe, und alle wünschen sich ein erfülltes Dasein in dem ihnen
zugedachten Lebensraum.

Den Pflanzen und vor allem den Bäumen war es möglich, un-
abhängig von euch Menschen auf ihrem geistigen Weg zu bleiben.
Sie sind euch in tiefer Liebe verbunden, doch sie sehen, wie ihr

der Erde und ihren Bewohnern großen Schaden zufügt. *Sie warten auf eure Einsicht und dass ihr euch für eine friedliche und freundliche Welt einsetzt. Seht euren Irrtum ein.*

Auch die Engel der Natur und besonders die der Elemente warten auf euer Entgegenkommen. Sie tun so viel für euch, ohne sie wäre kein physisches Leben auf der Erde möglich. Sie sorgen für reine Luft und klares Wasser und arbeiten mit an allem, was die Erde für euch hervorbringt und was die Sonne erhält. Sie begleiten euch auch auf eurem geistigen Weg und haben eine wichtige Aufgabe im göttlichen Plan für den Weg der Seele. Sie unterstützen euch im Umgang mit euren Gefühlen und Gedanken und helfen euch, die Liebe und Hingabe in euren Herzen zu erwecken.

Vielen sind diese Engel in der Natur unbekannt. Sie sind Boten Gottes wie alle Engel, die erschaffen wurden, um zu dienen und die Wesen auf der Erde – und im ganzen Universum – zu begleiten.

Die Erde ist eure Heimat in diesem Leben. Sie gibt euch ein wunderbares Zuhause und ermöglicht euch ein Leben in Freude. Öffnet euch der Zuneigung, die wir euch aus der geistigen Welt und der Natur entgegenbringen. Die Farbe Opal, die mir zugeordnet wird, hilft euch, diese Aufgabe zu erkennen und den Weg der Seele mit großer Freude und Begeisterung zu gehen.

In tiefer Liebe,
Sanat Kumara

Literaturliste zum Thema

Dagny, Kerner/Imre, Kerner, *Der Ruf der Rose,* Kiepenheuer & Witsch 1992.

Michel, Peter, *Das große Buch der Engel*, Aquamarin 2003.

Newhouse, Flower A., *Die Engel der Natur.* Aus dem Englischen von Dr. Edith Zorn, Aquamarin 2001.

Newhouse, Flower A., *Lichtwesen.* Aus dem Englischen von Petra Michel, Aquamarin 2001.

Newhouse, Flower A., *Engel und Devas.* Aus dem Englischen von Petra Michel, Aquamarin 2002.

Newhouse, Flower A., *Die sieben Körper des Menschen.* Aus dem Englischen von Dr. Edith Zorn, Aquamarin 2008.

Roads, Michael, *Mit der Natur reden.* Aus dem Englischen von Waltraud Ferrari, Ansata 1987.

Roads, Michael, *Im Reich des Pan*. Aus dem Englischen von Annemarie Döring und Marion Zerbst, Schirner 2008.

Roads, Michael, *Durch die Augen der Liebe*. Aus dem Englischen von Almut Röder, Schirner 2010.

Székely, Dr. E. Bordeaux, *Das Friedensevangelium der Essener*. Aus dem Englischen von Bruno Martin, Mandala Media 1996.

Székely, Dr. E. Bordeaux, *Die unbekannten Schriften der Essener*. Aus dem Englischen von Ruth Kühn, Bruno und Magdalena Martin und Susanne Schaup, Mandala Media 1996.

Székely, Dr. E. Bordeaux, *Das geheime Evangelium der Essener*. Aus dem Englischen von Angelika Nichols und Susanne Schaup, Mandala Media 1997.

Székely, Dr. E. Bordeaux, *Die Lehren der Essener*. Aus dem Englischen von Bruno Martin und Susanne Schaup, Neue Erde 2002.

Székely, Dr. E. Bordeaux, *Die verlorenen Schriftrollen der Essener*. Aus dem Englischen von Bruno Martin, Neue Erde 2002.

White Eagle, *Das White Eagle Engel-Buch*. Aus dem Englischen von Dr. Edith Zorn, Aquamarin 2000.

White Eagle, *Die vier großen Einweihungen*. Aus dem Englischen von Edith und Walter Ohr, Aquamarin 2000.

White Eagle, *Naturgeister und Engel*. Aus dem Englischen von Walter Ohr, Aquamarin 2000.

White Eagle, *Die Meister als Boten des Lichts*. Aus dem Englischen von Dr. Edith Zorn, Aquamarin 2003.

Über mich

Schon in frühen Jahren hatte ich eine vertraute Beziehung zur Natur und war mir immer bewusst, dass alle Wesen eine Seele haben. Doch was dies wirklich bedeutet, habe ich erst durch Gespräche mit Bäumen wirklich erfahren.

Ich bin Heilpraktikerin, psychologische Beraterin und Reiki-Meisterin, und seit 2006 bin ich ein Medium von Sanat Kumara, dem Lenker des opalfarbenen Strahles, der mich bei meiner spirituellen Arbeit unterstützt und berät. Als Heilerin arbeite ich auch mit Energien aus der Natur, sowohl für die Natur selbst als auch für Menschen.

In der Natur werde ich oft von meinem Mann Günter begleitet, der ebenfalls mit Bäumen und Naturwesen sprechen kann. Unsere und die Intention dieses Buches ist, dass Menschen ein liebevolles Verständnis für die Natur entwickeln oder ihren Respekt, den sie ihr bereits entgegenbringen, noch verstärken.

176 Seiten, broschiert
ISBN 978-3-89845-399-8
€ [D] 14,95

Dirk Thomas
Botschaften der Waldfeen
Die reinigende Kraft der Natur

Dana, die Feenkönigin des Waldes, geleitet in ihre Welt und zeigt uns, wie wir unserem eigentlichen, göttlichen Wesen wieder näherkommen. Sie begleitet uns zu unserer inneren Weisheit und erklärt auch die Gesamtzusammenhänge unseres energetischen Umfeldes, um uns als Teil der gesamten göttlichen Ordnung wiederzufinden.

Wer den lichtvollen Hinweisen folgt und die versöhnliche Hand der Fee ergreift, steht am Ende des Buches vor einem bedeutenden Schritt: dem Weg in den eigenen Garten Eden …

208 Seiten, broschiert
ISBN 978-3-89845-414-8
€ [D] 14,95

Heidi Findeis
Die Kraft der Naturmystik
Mit der Spiritualität der Natur sich selbst spüren

Heidi Findeis begleitet uns mit einfühlsamen Übungen und schamanischem Wissen auf unserem ganz persönlichen Weg. Wir erfahren die Wandlung aus einem beengten Leben in die Weite und Größe unserer wahren Existenz, in der die Kraft des Universums dafür sorgt, dass wir alle gehalten werden.

Die Autorin beschreibt den Schamanismus dabei erstmals nicht als bloße Technik, die wir praktizieren, sondern als eine neue Art zu leben. Als eine Möglichkeit, unser Leben zu bereichern und es groß werden zu lassen.

Ein Buch, das erhebt und zum Zauber des Lebens geleitet …

256 Seiten, broschiert
ISBN 978-3-89845-353-0
€ [D] 16,90

Ellen Vande Visse
Der spirituelle Garten
Wie Naturgeister uns helfen

Ellen Vande Visse lädt Sie ein, harmonisch mit dem Naturreich zusammenzuarbeiten. Unterhaltsame Erzählungen erläutern Schritt für Schritt, was Sie tun können, um gemeinsam mit der Natur zu gärtnern und mit den Elementarwesen zu kommunizieren – vollkommen unabhängig davon, ob Sie medial veranlagt sind oder nicht.

Der spirituelle Garten lehrt uns, mit den Pflanzen als Lebewesen zusammenzuarbeiten. Ein Buch über außergewöhnliches Gärtnern, das Sie bis zur letzten Seite nicht mehr aus der Hand legen werden.

Myra

Saint Germains Vermächtnis

Das geheime Wissen über die Welt und das Leben

Saint Germain spricht Klartext über neuzeitesoterische Weltanschauungen und teilt uns seine Weisheiten über vielfältige Themenbereiche mit. Er klärt uns sowohl über Sinn und Unsinn der Astrologie, über Channeling, über die Schöpfung, über Kabbala, über Christentum und sogar über Kornkreise wie über Politiker und Politik sowie über Verschwörungstheorien auf. Saint Germain räumt recht eindrucksvoll mit vielen »neuzeitesoterischen« Meinungen auf und stößt Personen und Dinge von einem Sockel herab, auf dem sie seiner Meinung nach nicht stehen dürften.

384 Seiten, Klappenbroschur,
ISBN 978-3-89845-409-4
€ [D] 18,95

Ted Andrews

Zauber des Feenreichs

Begegnung mit Naturgeistern

Mit ein wenig Geduld und Ausdauer lernen Sie die Gegenwart von Feen, Elfen, Devas und anderen Naturgeistern zu spüren und wahrzunehmen. Öffnen Sie Ihr Herz und Ihre Sinne diesen nicht auf den ersten Blick sichtbaren Bereichen des Lebens und seinen Quellen, und wecken Sie die Ihnen angeborenen Fähigkeiten, das Leben in seiner ganzen Fülle zu leben.
Ein Handbuch mit praktischen Anleitungen, Meditationen und Übungen in der Natur für die Arbeit mit dem Unsichtbaren.
Ein Werk voller Zauber über eine faszinierende Welt, die greifbar vor uns liegt und die es nur zu entdecken gilt!

256 Seiten, broschiert
ISBN 978-3-931652-30-2
€ [D] 15,90

Claire Avalon

Sanat Kumara und die Weiße Bruderschaft

Die Heimkehr der neuen Erde

Sanat Kumara, die Aufgestiegenen Meister und die atlantischen Priester sind in diesem Buch vereint, um uns zu erklären, dass die Zeit der Wandlung und der Augenblick für eine grundlegende Revision unseres Tuns gekommen ist. Sie geben die Anleitung, wie sich unser ursprüngliches Potenzial wieder in unserem Bewusstsein zeigen kann und wie wir neue Wege finden, die uns auf eine höhere Stufe führen.
Dieses Buch zeigt uns Entwicklungschancen, von denen wir bisher nichts ahnten. Ein Buch, das den Zugang zum höheren Bewusstsein öffnet und so unser wahres Potenzial aufzeigt.

256 Seiten, Klappenbr.
ISBN 978-3-89845-373-8
€ [D] 16,95

Claudia Knüppel
Elfen öffnen Herzen

Farbenfroh ist der Zauberwald, in den uns die Künstlerin Claudia Knüppel einlädt, und es wimmelt hier von Naturgeistern, die uns geheimnisvoll, anmutig oder auch frech aus dem schillernden Reich der Fantasie zuwinken. Wunderbar dargestellte Geistwesen, die tiefempfundene Botschaften aussenden als Rat, als Trost oder als Hoffnung für all die, die den Glauben an und den Kontakt zu den lichten Welten des wenig Sichtbaren nicht verloren haben.

47 Herzkarten in Box · EAN 4260075280035 · € [D] 13,90

Sharon Salzberg
Das Handbuch der Achtsamkeit und Güte

Dieses Buch ist eine Einladung, mit Eigenschaften wie liebevoller Güte und Achtsamkeit zu experimentieren. Sicherlich kennen Sie Situationen, in denen Sie allmählich ungeduldig werden, wenn Sie beispielsweise versuchen, jemandem zu helfen, oder Sie ärgern sich über das laute Klingeln eines Handys ... Was wäre normalerweise Ihre erste Reaktion? Gelassenheit oder Groll? Die Erfolgsautorin Sharon Salzberg zeigt dem Leser, wie wir für uns selbst und unsere Mitmenschen Güte und Achtsamkeit entwickeln können. Die im Buddhismus geschulte Autorin führt uns mit der sanften Stärke der Zuversicht und Inspiration auf den Weg zu einem Leben voller Freude und innerem Frieden.

216 Seiten, Klappenbr.
ISBN 978-3-89845-345-5
€ [D] 14,90

Eileen Caddy & David Earl Platts
Die Tore zur Liebe öffnen
Ein Findhorn-Buch

Können wir lernen zu lieben? Oder müssen wir nur warten – und es geschieht von selbst?
Wir alle sind mit der Fähigkeit geboren, uns selbst und andere zu lieben. Schmerzvolle Erfahrungen haben jedoch dafür gesorgt, dass viele von uns innere Schutzwälle errichtet und Ängste, Überzeugungen und Verhaltensweisen entwickelt haben, um diese inneren Barrieren aufrechtzuerhalten. Die wichtigste Lektion im Leben ist es daher, wieder lieben zu lernen ...
Dieses Buch lädt Sie ein, die freie Entscheidung zu treffen, mehr Liebe in Ihr Leben zu bringen, und es hilft Ihnen, diese Entscheidung Schritt für Schritt klar und entschlossen umzusetzen.

232 Seiten, Klappenbr.
ISBN 978-3-89845-288-5
€ [D] 14,90

Elizabeth Clare Prophet

Mit Elementarwesen arbeiten

Zum Wohle der Erde

In vergangenen Goldenen Zeitaltern arbeiteten die Naturgeister und die Menschen Hand in Hand, und die Erde glich einem Garten Eden ... Doch dann kam eine Zeit, in der die Negativität des Menschen Eingang in die Welt fand und die Arbeit der Elementarwesen enorm erschwerte.

In diesem Buch werden Wege aufgezeigt, wie wir zurück zum »verlorenen Paradies« finden. Wir lernen, wieder im Einklang zu sein mit den Elementarwesen und sie in ihrer Arbeit zu unterstützen, um so erneut ein Goldenes Zeitalter für uns einzuläuten.

192 Seiten, broschiert
ISBN 978-3-89845-287-8
€ [D] 6,95

Myra

Devas – Die Natur hinter der Natur

Saint Germains Vermächtnis

Im Hinhören und Wahrnehmen der Klänge der Natur können wir das wiederentdecken, was wir zur Harmonisierung brauchen. Dieses Buch führt Sie zu Ihrer inneren Stimme, die Sie stets zur richtigen Pflanze, zum richtigen Metall, zum richtigen Mineral – zu einer lichtvollen Alchemie der Heilung lenkt. Machen auch Sie sich mithilfe von Saint Germain die Heilkraft der Natur zunutze.

176 Seiten, broschiert
ISBN 978-3-89845-357-8
€ [D] 6,95

Franziska Krattinger

Die 7 universellen Gesetze

Spielregeln für ein Leben in Vielfalt

Das Leben folgt universellen Gesetzen. Wer diese begreift, kann sich alle Lebensformen, Situationen und Realitäten erklären. Diese universellen Gesetze gelten auf allen Ebenen und in allen Bereichen. Niemand kann sich ihnen entziehen. Dieses Handbuch vermittelt durch praktische Übungen und gelebte Beispiele aus dem Alltag die entscheidenden Spielregeln für ein Leben in Fülle! Es zeigt, wie man seine Kraft am besten einsetzt, um seine Ziele stets zu erreichen. Die beschriebenen Gesetze gelten für alle – und wer sie beherrscht, ist somit Herr über seine Realität.

152 Seiten, broschiert
ISBN 978-3-89845-266-3
€ [D] 6,95

Weiterführende Informationen zu
Büchern, Autoren und den Aktivitäten
des Silberschnur Verlages erhalten Sie unter:
www.silberschnur.de

Natürlich können Sie uns auch gerne den
Antwort-Coupon aus dem beiliegenden
Lesezeichenflyer zusenden.

Ihr Interesse wird belohnt!